**COLLECTION
ARCADES**

JOSÉ CARDOSO PIRES

LISBONNE

LIVRE DE BORD
VOIX, REGARDS, RESSOUVENANCES

*Traduit du portugais
par Michel Laban*

GALLIMARD

MINISTÉRIO DA CULTURA

INSTITUTO PORTUGUÊS DO
LIVRO E DAS BIBLIOTECAS

Ouvrage publié avec le concours du Ministère portugais de la Culture/Institut portugais du Livre et des Bibliothèques et du Centre Culturel Calouste Gulbenkian.

Titre original :

LISBOA – LIVRO DE BORDO
VOZES, OLHARES, MEMORAÇÕES

© *José Cardoso Pires e Publicações Dom Quixote, 1997.*
© *Éditions Gallimard, 1998, pour la traduction française.*

Terre, terre ! Encore qu'il serait plus juste de dire Ciel, Ciel !
Car à n'en pas douter nous sommes aux abords de la fameuse Lisbonne.

Cervantes,
Les travaux de Persilès et Sigismonde

Pour commencer, tu m'apparais posée sur le Tage comme une ville qui navigue. Cela ne m'étonne pas : chaque fois que je me sens sur le point d'étreindre le monde, que ce soit à la pointe d'un belvédère ou assis sur un nuage, je te vois ville-nef, vaisseau fait de rues et de jardins, et la brise elle-même a pour moi un goût de sel. Il y a les vagues du grand large dessinées sur tes chaussées ; il y a des ancres, des sirènes. Le bordage du pont, quand il s'évase et devient place avec une rose des vents brodée sur le pavage, est commandé par deux colonnes surgies des eaux qui montent une garde d'honneur aux partants pour les océans. Elles flanquent la proue ou figurent comme telles — du moins est-ce l'idée que l'on s'en fait. Un peu en retrait, à travers elles, un roi enfant monté sur un cheval vert regarde l'autre côté de la Terre ; à ses pieds, les noms des navigateurs et les dates des découvertes sont inscrits sur le basalte de la place frappée par le soleil. En face, le fleuve court vers les méridiens du paradis. Ce Tage, hantise de chroniqueurs devenus fous, qui le peuplent de tritons à cheval sur des dauphins.

Autres vues de la ville

Poursuivons. Je suis maintenant tourné vers le sud format carte postale et tu es là, Lisbonne, sur un fond de fleuve d'un bleu enivrant. Le Tage vu depuis le mât royal, pourrait-on dire.

> *Du haut d'où je vous parle,*
> *j'ajoute du bleu de plusieurs couleurs*
> *à cet autre bleu que vos yeux perçoivent,*

tel serait l'aparté de Pedro Támen[1] s'il était là. Et, plus que convaincu, j'acquiescerais car il est peu d'endroits où, comme ici, chaque couleur est faite de tant de couleurs.

Bleu fait de bleus ? Blanc âpre, de perle et de cendre ? Ocres, de bruns et de rouges lisses ? Bien. À en juger par les tonalités de cette photo, c'est un été d'août, j'en jurerais. Mais ce pourrait être aussi un de ces midis d'avril quand soudain s'éteint la pluie et que s'ouvre sur toi un soleil chargé d'hirondelles. Nous, pour autant que je nous voie, nous existons tous deux plus ou moins : toi, ville rendue floue par

---

1. Des indications biographiques sont données en fin d'ouvrage, p. 79. (Toutes les notes sont du traducteur.)

la lumière mondaine des vidéotouristes venus t'épier du haut d'un belvédère et, un peu en marge, moi, pour qui panoramas et vues générales sont presque toujours phrases toutes faites ou décors de catalogue.

Bien sûr, te voir d'ici, depuis l'Alto do Castelo, est éblouissant, je n'en disconviens pas. Mais il y a la distance, et la distance invente des villes, nous le savons bien. C'est pourquoi je n'ai jamais oublié cette réflexion laissée un jour sur ce balcon de curieux : *La première vue est pour les aveugles !* Sage réflexion, sans doute, mais par trop simple, si tu permets, car même pour ceux qui, délaissant la vue générale, plongent dans les intérieurs munis de catéchismes de *city tour*, le paysage a un côté très *sur commande*. Il y a les érudits en transit qui pratiquent le chemin de croix des monuments pour être en paix avec la conscience culturelle, j'en ai vu des flopées ; il y a les pèlerins de la danse tarentule, Alfama[1] en bas, Mouraria en haut, par amour des labyrinthes d'itinéraires de touristes ; il y a les voyageurs de musée pour lesquels ce monde doit toujours être convenablement daté et classé ; il y a de tout. Mais personne ne pourra jamais connaître une ville s'il ne sait l'interroger en s'interrogeant soi-même, c'est-à-dire si, de son propre chef, il ne s'aventure pas vers les hasards qui la rendent imprévisible et lui donnent le mystère de son unité la plus absolue.

1. Des indications topographiques sont données en fin d'ouvrage, p. 89.

Parce que, tu le sais bien, tout cela n'est pas que lumière et fleuve, que géographie, révélations, mémoires ou rengaines de manuels et d'autres phraseurs frustrés. Il y a aussi des voix, des odeurs à reconnaître — des odeurs, et quelles odeurs : sans aller plus loin, celle du poisson salé en tonneau dans les boutiques de la Rua do Arsenal ; celle de la mer à certaines heures dans les docks du Tage ; celle de l'été nocturne des parterres de Lapa ; des dépôts d'articles de marine entre Santos et Cais do Sodré ; et encore celle du poisson en train de griller sur les braseros à la porte des gargotes, dans les encoignures et les ruelles, depuis le Bairro Alto jusqu'à Carnide.

Et puis il y a la voix et l'humour, le ton et la syntaxe. Plus précisément : ce vocabulaire imagé et cette construction de la phrase qui, à elle seule, se fait ironie. Cela et l'accent privé du geste et du dialogue sont des registres propres à l'esprit du lieu, quelque chose qui se superpose à cette vision immédiate qui a conduit John Dos Passos à décrire Lisbonne comme une « nostalgie endormie », Saint-Exupéry comme un « paradis clair et triste », et qui a amené je ne sais combien de patriarches de la bonne écriture à la souligner par d'autres confidences rapides sur le même ton.

C'est pourquoi moi, devant cette vue prise depuis le château de São Jorge, je me sens quelque peu distant, presque ailleurs. Peut-être parce que d'ici je ne t'entends pas, ville. Parce que je ne respire pas tes desseins et que je ne sens pas tes odeurs. En bref, parce qu'il me manque une complicité et que personne ne peut apprendre à vivre un monde aussi intime que le tien sans complicité avec son image, ses savoirs, ses goûts et ses failles. Moi, tant bien que mal, je m'y essaie. Pour aboutir à cette compréhension j'ai dû récapituler des enfances de quartier, revisiter des endroits ; je t'ai dite et redite, Lisbonne, et toujours avec un douloureux amour.

Alors excuse-moi si quelque mauvais mot m'échappe. Laisse faire, tâche d'oublier, d'ailleurs moi je suis d'Arroios.

D'Arroios, d'Arroios

Plus précisément, du quartier très lisboète de São Jorge, 4ᵉ circonscription fiscale, et, plus précisément encore, d'une fenêtre de l'enfance tournée vers une église qui n'existe plus et une place pour ivrognes somnolents, sautillés par de menues et gracieuses colombes.

Je suis de là, sache-le, de cette place et de cette fenêtre. C'est un peu en retrait (dans une chambre de la Travessa das Freiras, selon les biographies officielles) que le romancier Camilo, très porté sur les amours de perdition, a pratiqué ses érotismes du nord du pays avec Dona Ana Plácido ; plus bas, au bout de la rue d'Arroios, était la ruche où le cousin Basílio du respectable Eça de Queirós avait butiné entre deux draps cette petite tête de linotte de Luizinha qui se cachait loin des gouttières ; c'est d'ailleurs ce qui explique qu'Arroios ait été, un siècle auparavant, un véritable feuilleton d'alcôves égarées que l'Histoire a couché noir sur blanc. J'espère que, là-bas, sur la place, les ivrognes de mes années d'enfance ont ignoré tant de débauche et ont continué à ronfler en toute innocence à l'ombre des palmiers et des chats de gouttière.

Je pense à tout cela avec pudeur car c'est à mi-chemin entre le haut empire des chats et le paradis des ivrognes à plein temps que s'est déroulée mon enfance de fenêtre et de solitude. C'est de là qu'une fin d'après-midi, voyant sur la place une foule de gens tournés, bouche bée, vers le ciel, j'ai découvert, posé sur le clocher de l'église, un ange aux ailes scintillantes. Des ailes ? Non pas : une cape. Une cape ouverte sur toute la longueur de ses bras et d'une blancheur aveuglante. Il n'était que lumière et satin (je sais aujourd'hui qu'il avait aussi un sexe car je me souviens du galbe de ses seins pointés vers l'infini) et, tel quel, tout en haut avec la ville à ses pieds, il semblait éternel.

Soudain un tambour a résonné. Un tambour d'annonciation, on n'a jamais su d'où. Les pigeons de la place se sont levés en bande à la verticale et l'ange qui, outre sa brillance, était funambule, a ouvert encore plus largement sa cape, ses ailes.

Celles-ci ainsi déployées, il a fait un pas en avant, s'est approché du vide, du néant, et — hop ! — il a volé en descente, est revenu sur terre en glissant (accroché par les dents) sur un câble venu des hauteurs de Dieu de l'église jusqu'à la place du sommeil des ivrognes.

Ce soir-là à la fête du quartier, il y a eu du cirque sur le Largo do Leão, et moi, dans mon lit, au son de la musique du manège, j'ai rêvé à des anges funambules volant au-dessus de grandes flammes.

Que faisons-nous, tous deux, Lisbonne,
en ce lieu où nous sommes nés et où je suis né

demandait Alexandre O'Neill, appuyé contre le chambranle de la porte, en regardant l'empereur Maximilien du Mexique qui, moulé dans la statue de Rossio, fait semblant d'être Dom Pedro IV du Portugal.

Aujourd'hui, des anges ne s'envolent plus de l'église d'Arroios au-dessus des ivrognes, mais des mystères demeurent, qui animent la ville — et Dom Pedro de Rossio en est un. Vrai ou faux, on ne sait toujours pas pour quelle raison l'artiste français chargé de sculpter notre roi en bronze de première qualité ne s'est pas embarrassé de scrupules en expédiant au Portugal un quelconque Maximilien qui traînait dans un coin de son atelier.

De telles énigmes altèrent le paysage et, très sincèrement, non seulement elles sont mal ressenties par les gens qui ont du sentiment, mais encore elles sont difficiles à excuser à la lumière de l'entendement. Les érudits, quant à eux, aujourd'hui encore perdent leur sommeil sur ce paragraphe de notre Histoire et, lorsqu'ils passent devant la statue du faux roi, ils baissent les yeux en un silence de pudeur qui ne saurait mieux leur convenir.

Le commun des Lisboètes ne se laisse pas rouler dans un pareil désordre, le commun des Lisboètes a de ces trucs et un flegme qui lui permettent de parer aux coups du sort et aux plus solennelles des complications. S'il lève la tête et voit l'empereur tout là-haut, suant de vert-de-gris, il est fort capable de trouver ça drôle. Dom Pedro ? Dom Maximilien ? Peu importe, va pour Dom Pedro, pourquoi pas ? De toute façon, le pays en reste au même point et le Rossio y gagne matière à faire rigoler.

C'est ainsi que réagirait O'Neill, c'est comme si je le voyais. Un rire prompt, un bâillement, et il tournerait les talons car, de monuments erronés et de sculpteurs bidon, notre capitale regorge, depuis le monument des Découvertes et le saint Antoine d'Alvalade jusqu'à cet épouvantail en pierre que quelqu'un a placé à la porte de l'aéroport comme pour faire fuir les visiteurs. O'Neill, ce poète qui a déchiffré les vers et les revers des diableries de notre Lisbonne actuelle, la connaissait comme personne à travers les points et les virgules de son parler (précisément cette complicité à laquelle je pense). Il l'a traitée avec des caresses d'ongle effilé, depuis la boutique du barbier de quartier jusqu'au Beco da Mal-Amada et, diable, avec quel sens du mot, quelle oreille !

Mais à propos de ce Rossio des fleuristes et de la statue de Maximilien-Dom Pedro, il me faut ouvrir une parenthèse : il y a aussi Bocage, ne pas l'oublier. Et Bocage, même s'il est originaire de la région du fleuve Sado, est un des poètes pour qui la vie à Lisbonne a été des plus intenses, bien que, pour son malheur, il ait toujours eu les livres d'Ovide accrochés à ses aisselles.

Aujourd'hui on peut le voir à n'importe quelle heure dans le vieux café Nicola où deux siècles auparavant il avait sa table littéraire et où, entre rimes et pamphlets, il conspirait contre la société de policiers et de moines indics qui devait le conduire en prison. Il est là, tout de suite face à l'entrée, impossible de se tromper. Mais ce n'est plus le diable « maigre, aux yeux bleus et à la face brune » tel qu'il s'est décrit, parce qu'on l'a traduit en statue de bronze doré afin de l'assortir aux muses de son temps, lesquelles n'étaient autres que des précieuses immondes. Dans la même salle on voit aussi les moines bouffis et les gens de lettres qui lui ont mené la vie dure, assis, en posture de mauvaise langue les uns avec les autres, mais à présent personnages seulement décoratifs, rien à craindre. Leurs portraits sont sur les murs comme un passé de mauvaise mémoire, et, *De profundis ad Domine,* que la terre leur soit lourde.

Jusqu'à l'extinction du salazarisme, le Rossio, aujourd'hui parcouru par des somnambules rapatriés des colonies africaines, était une place de réunions littéraires et politiques : le café Portugal, avec des écrivains de la résistance à la dictature lorgnés à chaque coin de table par des policiers à l'œil acéré ; le Chave de Ouro où les deux compagnons Jorge de Sena et Casais Monteiro passaient des après-midi entiers jusqu'au dernier vers et où aussi, au cours d'un meeting tenu aux quatre vents, Delgado, le général sans peur, a proclamé l'excommunication de Salazar en une célèbre sentence : « Évidemment, je le démets ! » Rossio du café Gelo, tranchée des surréalistes, avec le fantôme vivant de Raúl Leal déclamant un Portugal exotérique — Herberto Helder et Mário Cesariny visant, eux, des vols plus longs, un autre univers, d'autres lectures. Tout ça, tout ça.

Bien entendu, Pessoa a lui aussi traîné ses basques par là, c'est connu. Mais un Pessoa solitaire et de passage car il allait s'attabler un peu plus loin, au Suíço, avec des poètes d'un crépuscule qui lui était propre. Pourtant, c'est à Rossio, restaurant Irmãos Unidos, que, pour la première fois, une place d'honneur lui a été donnée et qu'on peut le voir peint par Almada dans une de ses œuvres les plus heureuses.

Monument à l'hérésie sacrée (vue partielle)

Mais cette histoire d'empereur du Mexique qui a occupé la statue de D. Pedro du Portugal est en fait peu de chose. Les empereurs passent leur vie à occuper et le peuple, quand il les croise, ne les salue même pas.

Avec les statues sacrées c'est différent. On ne change pas de saints comme on change d'empereurs (du moins dans la capitale personne ne l'a jamais entendu dire) et même, sans aller jusqu'à en changer, on ne s'attarderait jamais devant eux, statues de place publique, parce qu'un saint, après plusieurs années passées hors de l'autel et sous la rosée, perd le mystère qui lui revient. Il s'efface, se confond avec le quotidien du paysage profane et avec le troupeau des pécheurs.

Il en est un cependant qui échappe à la règle et qui, sans Bible ni chapelle, reçoit à l'air libre et à n'importe quelle heure, qu'il pleuve ou fasse soleil. Je pense au bienheureux frère saint José Tomás, hier encore appelé Sousa Martins, de son nom naturel.

Chaque fois que je veux le voir, je le retrouve, très modeste de sa personne, à la porte de la vieille faculté de médecine, en habit de docteur. Docteur en sciences, et non en théologie. C'est en cette qualité que la Patrie l'a reconnu et c'est en tant que tel qu'il est exposé en statue, face à l'école où il a été maître des maîtres.

Campo de Santana, c'est là qu'on le trouve. Dans le livre des illustres de la nation il a longtemps joui d'une mémoire de repos. Personne ne venait le déranger, il dormait du sommeil des sages au milieu des cyprès qui maintenaient la fraîcheur de la sépulture. Tout dans les règles, tout naturel, cela jusqu'au jour où un désespéré de la médecine a ouvert l'encyclopédie à Sousa Martins, professeur (1843-1897), et c'est alors que les cieux sont tombés sur cette âme : l'homme est entré en illumination. Prenant connaissance de tout ce que le défunt avait guéri sur cette terre, du respect que son savoir avait inspiré dans toutes les académies ainsi que de sa bonté exemplaire, il a appelé en urgence d'autres désespérés et, tous ensemble, ils se sont précipités vers sa mémoire. Vers sa statue, veux-je dire. Il l'ont enveloppée de nuages mystiques, l'ont couverte de suppliques et de promesses, et le sage — qui d'ailleurs sa vie durant avait été un hérétique confessé — s'est vu après sa mort transformé en rédempteur d'une croisade d'estropiés en pèlerinages furtifs.

Il a transité, contre sa volonté, de l'hérésie vers la sainteté, fait unique — et sans un repentir de dernière heure, sans un geste de doute, rien. Poursuivi par des essaims d'âmes pieuses, il n'a pas tardé, malgré les réticences du Vatican, à être canonisé et promu seigneur des miracles par des fidèles à l'âme diligente et de confession chaotique. Pour plus de détails, se reporter à la littérature en vente dans les boutiques de foi du Largo Martim Moniz ou chez les apôtres autonomes qui traînent à travers toute la Lusitanie. Donc, sans église ni auréole, le docteur Sousa Martins se trouve irrémédiablement condamné à la sainteté dans un modeste parterre du jardin de Campo de Santana que le peuple appelle aussi jardin des Martyrs de la Patrie. Pendant très longtemps il a été éclairé par de pauvres bougies et entouré de béquilles, de lunettes d'aveugles et de bottes macabres que ses miracles avaient rendus superflus, de petits pieds et mains en cire, d'oreilles, de seins de vierges — tout un étalage d'orgies orthopédiques et de jolis morceaux choisis du corps humain, abandonnés aux fleurs et à la dévotion. Aujourd'hui le saint hérétique est entouré de petites plaques de marbre avec des mots de gratitude comme des cartes de visite adressées à l'éternité.

Les corbeaux (Rua das Farinhas)

À propos de saints, il convient de parler de saint Vincent, qui se trouve dans la cathédrale et n'a vu Lisbonne qu'avec des yeux de mort. Le devoir c'est le devoir, et ce martyr, bien que très espagnol, est resté attaché au blason de notre ville à cause de certaines fables du destin.

Saint Vincent, cela est prouvé, est arrivé sur le Tage en cadavre naviguant sous la garde de deux corbeaux. Déjà tout flétri et rabougri, ajoutons. Déjà relique de tabernacle, bouche rongée, dents à nu. Il est arrivé en cet état et, bien que saint, il n'a pas eu un mot pour la ville qui le recevait. Ni un merci, pas même un *Dominus tecum,* il s'est enfermé dans la cathédrale comme on s'enferme dans une forteresse et, seul, replié sur lui-même, il est resté là, laissant couler les siècles au-dessus de son cadavre.

Mais pas les corbeaux. Les corbeaux, eux, après un voyage aussi vigilant, dès qu'ils se sont trouvés en terre ferme, se sont mis à sautiller pour se dégourdir et, s'engageant dans les passages et les ruelles, se sont intégrés immédiatement, se multipliant peu après en légions d'oiseaux de gargote qui faisaient plaisir à voir. Deux des plus anciens parmi eux se sont égayés si loin et en de tels lieux qu'en l'année 1630, c'est écrit dans les livres, ils ont franchi les portes de la ville et sont arrivés à la fontaine d'Arroios. Arroios, figurez-vous. Un faubourg de bagnards, à cette époque. Très à l'aise, les deux aventuriers ont étanché leur soif, puis se sont reposés et, pour marquer l'événement, ont gravé leur image dans la pierre de la fontaine comme sur une stèle marquant le passage d'explorateurs. Très portugais, ces oiseaux.

Malgré quelques petites escapades, histoire de changer d'air, c'est dans les quartiers de la capitale que les corbeaux proprement corbeaux faisaient leur vie : Pátio do Corvo (cour du Corbeau), à São Vicente de Fora, Rua dos Corvos (rue des Corbeaux), vers les escaliers de Santo Estêvão, Terreiro do Corvo (place du Corbeau), près de la cathédrale — comme on le voit, le plan de la ville leur fait, aujourd'hui encore, une place respectable. Si respectable même que Júlio Pomar a peint l'un d'eux côte à côte avec Fernando Pessoa, et ceci en toute légitimité puisqu'il s'agit de deux êtres légendaires de Lisbonne.

> *Tu es venue sur une cigogne, œil bleu,*
> *dans un monde où le fado n'existe pas.*
> *Moi, tresse noire de Lisbonne,*
> *Un corbeau magicien m'y a amenée,*

ai-je entendu il y a longtemps de la bouche d'une chanteuse de fado au 13 de la Rua Atalaia, et je m'en suis souvenu à jamais comme le gage de notre vénération pour ces oiseaux.

Ironiques et connaisseurs, les corbeaux lisboètes étaient dotés de sens du voisinage et d'instinct populaire. Durant des siècles ils ont traîné à travers les gargotes, qui ont été l'école où ils ont appris les hommes et le train-train journalier du coin. En vérité c'est là que, au fil du vin, le sentiment s'ennoblissait vers le fado comme il s'aigrissait vers la rage de perdre, c'est là que les on-dit et les ragots avaient un goût canaille qui marquait le territoire culturel, et tout cela additionné avait valeur d'illustration pour un corbeau citadin.

Vicentes, c'est ainsi qu'on les appelait. Je les ai vus moi-même tant et tant de fois, tournant autour de conversations de comptoir, l'air égaré pour ne pas éveiller les attentions. Ou postés devant la porte pour voir qui passait, hautains et réservés. Ou bien encore dans de brèves promenades sur la chaussée, coiffés et lustrés, et là alors ils avaient quelque chose du Lisboète du dimanche faisant le tour du quartier.

Il était comme ça, le corbeau de la Dame du Tage. Oiseau venu de la grâce de Dieu, sans sacre ni noblesse (à l'inverse de la colombe des Écritures et de l'aigle des Empires), il est arrivé et s'est si bien intégré à nous qu'il a acquis le titre de saint. Bien plus : quand on le voit sur un bas relief de la Rua das Farinhas avec l'inscription SAM VECÈTE, on comprend qu'il a non seulement emprunté le nom du saint, mais encore qu'il en est devenu l'image.

Aujourd'hui on ne connaît que les corbeaux du blason de la ville, ce qui n'est déjà pas mal. Les vrais ont disparu ; de temps en temps on en voit apparaître encore un, exilé hors des murs. C'est le dernier, pense-t-on. Il n'y a plus de gargotes, tous les autres ont déserté, envolés on ne sait où.

Sont-ils partis sur ces mers à la recherche de cadavres navigants ?

Crachant tout fin (caricature de Botelho)

Corbeaux sanctifiés, martyrs portés par la marée et docteurs hérétiques opérant des miracles, toutes espèces qu'on ne trouve qu'à Lisbonne.

C'est un peuple de quais et de fado à cheval sur un diable complaisant, ce monde qui se fait ici. D'où son aisance à réunir dans le même lit le péché et la vertu, et son art de mettre une virgule burlesque dans une histoire de mauvais augure. Par pudeur, il est capable de faire passer de l'amitié à travers une tendre insulte ; par dédain, il peut montrer de l'agressivité en guise d'éloge : « Chico la débrouille, petite main sorcière », dit-il de l'invétéré trafiquant. Quand il ne suspecte qu'à moitié, il écoute calmement, oui, c'est bon, d'accord ; et il cause tout doux afin de voir venir et éclaircir. Mais si l'histoire dérape, il est capable de perdre patience et alors, « trêve de boniments », il démarre en discours de finalement.

Ainsi, si un Lisboète de Madragoa, de Alcântara ou de Campo de Ourique — un vrai Lisboète, disons, un pratiquant chevronné de Lisbonne — m'entendait parler ici d'hérésies et de parlotes, il dirait oui à tout et n'ajouterait rien. « Point mouche », c'est par ce terme qu'on désigne cette façon de se comporter et, si je ne m'abuse, je n'ai encore jamais vu art plus expéditif de donner du fil à l'histoire afin de mieux jauger les intentions.

Il est bien connu que pour un Lisboète qui se respecte, tout ce qui touche à la croyance, aux mésententes et autres histoires de l'âme impose le respect. À moins que — on le comprend — la conversation n'entre dans le sous-entendu et ne penche vers la désinvolture, car alors il n'y a plus rien à faire. Là, le Lisboète demande pardon, se met en situation et crache fin pour faire le tour du parlant. Il a ses refrains et son solfège. D'ailleurs, ne donne-t-il pas le nom de *musique* au discours et de *faire venir* à la provocation ? Que pourrait-on demander de plus ?

« Cracher tout fin. » Contester avec subtilité par le revers. Ce n'est certainement pas par hasard que Carlos Botelho a appelé Graillonne-et-Crache le héros de ses caricatures lisboètes.

C'est vraiment en *crachant fin* et en *faisant venir* qu'on travaille l'intrus et qu'on expédie la discussion. En l'occurrence, la voix prend dans les finales une aigreur presque gutturale, mais celui qui a de l'oreille et de l'exigence sait que souvent il ne s'agit ni d'un désordre ni d'une bagarre. Que ce n'est qu'une acidité naturelle, peut-être une séquelle des anciens cris des rues.

Cette acidité, qui est la couleur de la voix, se perçoit dans le fado de quartier et dans les interlignes d'Alexandre O'Neill. Elle devait être aussi chez Cesário, Cesário Verde, qui, bien qu'ayant été l'un des rares parmi les rares à avoir eu sa propre Lisbonne et porté sur elle un regard unique, a reçu en punition un buste mal léché dans un jardin de quatre empans du côté de Estefânia. Il l'a vécue en vie brève, très brève, et n'aura pas eu le temps, qui sait, d'enregistrer cet accent. Mais Pessoa ne l'a pas davantage enregistré et ce n'est pas pour autant qu'il n'a pas été fidèle à sa ville : « Lisbonne est mon foyer ! » a-t-il écrit, signé Bernardo Soares. Et elle l'était. Il l'a habitée à sa façon, froidement, replié sur lui-même, me semble-t-il, d'où l'intimité désenchantée avec laquelle il l'a rédigée. Il l'a connue depuis plusieurs adresses : bureaux, ville basse de l'époque de Pombal, gargotes héritées des Galiciens, bars à eau-de-vie, chambres de location depuis Arroios jusqu'à Campo de Ourique (adresses de solitude, adresses) mais, ce faisant, il l'a parcourue (il l'a lue, plus exactement) à travers des lignes d'inquiétude, plus attentif à l'âme qu'à la voix de la ville. Lisbonne était pour lui un état d'esprit (« Montant la Rua do Ouro, pensant à tout ce qui n'est pas la Rua do Ouro », n'est-ce pas ainsi qu'il l'a connue, au bras d'Álvaro de Campos ?) C'est pour cette raison que moi-même, pour retrouver la tonalité la plus lisboète de la voix, je rouvre Alexandre O'Neill. António Lobo Antunes est sans doute un autre de ces écrivains qui la traitent avec une ironie et une syntaxe bien d'ici, d'une certaine classe sociale, d'une ville en train de perdre ses racines, et c'est pourquoi sa Lisbonne se révèle si tendre dans son désenchantement, si égarée ; à son tour, Dinis Machado (*O que diz Molero*) l'enregistre en échos d'enfance. Mais ce qui domine chez O'Neill, c'est la quasi-perversité du parler, cette trille finaude s'appuyant sur le *faire venir* et le *cracher fin* et dont le Lisboète tisse son discours le plus intime. Je le lis et, à chaque ligne, j'entends la ville dans cette intonation qui la rend singulière. Une intonation que je ne retrouve que dans le fado le plus primitif, le plus populaire, une offrande que, de nos jours, on a rarement le privilège d'écouter.

Oui, une offrande rare. Après Marceneiro, après

Amália et la vieille dynastie des fêtes populaires, on la perçoit chez Carlos do Carmo, « l'homme de la ville ». Ceux-là et quelques autres. Chez eux seuls la voix a cet accent enraciné et modelé à travers les dialogues de quartier, et gare à celui qui se mettrait à solfier des folklores dans l'espoir de le capter. Hormis le déjà impossible recoin de fado vagabond que l'on rencontre dans les hasards du Bairro Alto, tout ce qu'on trouve c'est une suite de traits typiques expédiés à la va-vite sur une guitare en arabesques maures et en glapissements consonantiques pour que l'on puisse dire que *das ist fado, das ist saudade.*

Camoens / Rua do Alecrim

C'est descendant la Rua do Alecrim que je me veux vers neuf heures et quelque du matin et en automne, si possible. Je laisse le Camoens en bronze au milieu de la place (toujours une colombe sur l'épaule, je n'ai jamais compris pourquoi) et j'entame la descente. À quelques pas de là, j'ai Eça, didactique, soulevant le voile fantaisiste d'une beauté dénudée comme si quelqu'un allait s'émerveiller devant de telles intimités. Je ne me retourne même pas et continue tout droit.

Chemin faisant, je regarde vers le bout de la rue et découvre que les énormes grues de la Lisnave posées sur l'autre rive du fleuve se trouvent presque de ce côté-ci, au-dessus de Cais de Sodré. Auraient-elles traversé le Tage ou le Tage aurait-il rétréci pendant la nuit ?

Sebastião Opus Night, militant du whisky dans les bars d'alentour, passe sa vie à déclarer que Lisbonne est tout en *trompe l'œil**[1] (*trompe l'œil**, ce sont ses propres mots, exactement). Sauf que c'est son œil qui se trompe depuis qu'il est né. Opus Night, frère d'un juge Opus Dei, n'est jamais descendu dans la rue avant la tombée de la nuit et il ne fera exception à cette règle que le jour de son enterrement, les morts — selon l'horaire des cimetières — fermant à cinq heures. En attendant, entre les changements de lumière à la tombée de la nuit et la gueule de bois des whiskies de la veille, Opus Night, Opus Knight ou Verrus Night, continuera à proclamer que Lisbonne, dans la lumière du soleil, ne fait rien d'autre que lui brouiller la vue.

C'est ce qu'il dit, mais cette lumière, il ne l'a jamais vue — il ne manquerait plus que ça — et, s'il la voyait, peut-être resterait-il bouche bée devant cette ville tout en géométrie fuyante, collines, inflexions et ondulations, reflets d'un fleuve aux tons incertains, selon les jours et selon les marées, un corps à épeler sans hâte.

Ah, oui. « Si j'étais Dieu j'arrêterais le soleil au-dessus de Lisbonne », a écrit Fernando Assis Pacheco dans un poème ivre de lumière (cette lumière si

1. Les mots en italiques suivis d'un astérisque sont en français dans le texte.

souvent citée et toujours imprévisible). D'accord, mais une ville à caprices comme celle-ci, le soleil ne peut jamais l'éclairer uniformément. Il lui faut composer avec ses contours et ses instincts désordonnés : sa placidité ici, le brouhaha de ses vieux quartiers là, et c'est avec ces empressements qu'il lui donne une couleur aussi singulière.

Couleur. De Lisbonne on peut dire que même les daltoniens discutent de sa couleur. Regardez de préférence l'ocre de l'époque Pombal, recommande un byronien de passage. Le vert, le vert, oppose quelqu'un tout de suite après, les yeux sur le Terreiro do Paço, « même le cheval de D. José tourne au vert, mangé par la mer », disait déjà Cecília Meireles. Ou le blanc, le blanc évoque l'écume de l'océan, la chaux des murs, la Méditerranée ; « on ressent une nostalgie blanche... », a écrit Mary McCarthy dans une *Lettre du Portugal*, et Alain Tanner, cinéaste civilisé, l'a tout simplement appelée Ville Blanche.

Le blanc du film de Tanner, est-ce une couleur ou une métaphore ? Interroge-t-il les impétuosités d'une lumière qui, à la même place, au même moment et de la même couleur ne se répète jamais ? Je me le demande.

C'est pour toutes ces raisons que la couleur de notre ville est si difficile à capter pour les peintres. Il arrive qu'on la découvre dans les aquarelles de Bernardo Marques, oui, un peu ; ou dans la douceur ingénue de Carlos Botelho. Elle est dans cette fin du jour presque lugubre de la *Place Camoens* d'Abel Manta, dans la *Rua Augusta le soir* d'un plus que modeste peintre académique comme José Contente, ou encore dans la description de la colline Santa Catarina par João Abel, là sans aucun doute. On peut la voir en bleu dans la version de Vieira da Silva, on l'avait déjà vue dans un célèbre azulejo du XVIIIe siècle, mais chez Vieira da Silva Lisbonne est une mémoire ancrée au cœur parce que, même lorsqu'elle se tourne vers d'autres thèmes plus éloignés, plusieurs de ses discours chromatiques et de ses compositions sont l'écho des azulejos lisboètes.

Les vieux de jardin

Ils apparaissent comme les chats quand il fait soleil, mais en bande. C'est bien connu, il n'est pas d'endroit où les chats soient aussi présents et se fassent aussi peu remarquer qu'à Lisbonne ; mais les vieux de jardin, qui peut deviner leur histoire ? Fermés à double tour dans la retraite ou dans le veuvage tandis que le mauvais temps les tient sur leurs gardes, ils sautent dans la rue au premier rayon de soleil et se distribuent dans les jardins pour des parties de cartes. Ils forment des groupes sur les bancs où, avant, s'asseyaient les amoureux, montent des clubs, tiennent des conversations, et, pleins de conviction, rouillés, ils battent l'as et le valet avec la prudence qu'ils ont acquise avec l'âge.

Dans le jardin d'Estrela, qui est le territoire des enfants, ils forment des archipels de conspiration de cartes à jouer, étrangers à la joie qui les entoure, tuant le temps qui leur reste à vivre à coups d'atouts et de capots. Ils sont ainsi, laissons-les donc. Usés par leur catarrhe et le souci de s'en prémunir, ils se sont tournés sur eux-mêmes en de dormeuses obstinations. À Principe Real, avec cet arbre au centre du jardin, maternel et presque sacré, on peut dire que la circulation se fait quasiment au-dessus de leurs têtes : tramways, autobus, la vie active et vorace. Mais ils ne cèdent pas pour autant et restent assemblés autour du jeu de cartes qui est en quelque sorte la lecture qui les berce dans le pré-sommeil final. À leur âge ils savent bien que ce n'est plus la course pour la vie qui leur donnera des atouts. Cela dit, sages et résignés, ils se contentent de ceux que leur donnera la partie de manille ou de brisque et qui leur permettront, comme ils disent, d'additionner des points.

Mais c'est sur la colline Santa Catarina qu'ils pratiquent à l'aise des rencontres de déveine ou de fortune. En haut, tout en haut, presque à pic sur le Tage, la statue du mastodonte Adamastor les protégeant, ils calculent leurs coups, les yeux posés sur les nuages, et bougent leurs lèvres muettes, comme s'ils priaient pour eux-mêmes. On dirait que la ville s'est arrêtée là. Les rares passants sont des voisins qui n'ont pas de temps à perdre pour contempler le vide lumineux qui s'ouvre au-dessus du fleuve jusqu'à la ligne de l'autre rive.

Les vieux ne l'ont pas davantage (leurs horizons sont brefs, la vie ne leur laisse pas le temps d'un petit rabiot). Ils étudient les cartes, mesurent les partenaires, se livrent en somme à un conciliabule marginal au sommet du monde qui les a fuis. À leurs pieds dévalent des rues à pic et des ruelles en escaliers vers Conde Barão, mais eux les connaissent depuis toujours et ne les remarquent plus. De même que l'ascenseur de Bica qui fait sa sempiternelle navette parmi le linge qui sèche aux fenêtres, les conversations de porte à porte et les enfants toujours sur le pied de guerre. C'est un wagon joyeux, une institution de voisins. Parfois, sortant d'une gargote, quelqu'un tend une bière au conducteur ; l'homme porte la bouteille à sa bouche et la vide en lentes gorgées pour la faire durer jusqu'au retour.

Pendant ce temps, dominant dans une paix distante, la colline de Santa Catarina paraît absente à ce qui se passe autour d'elle. Ciel et Tage, c'est ce qui lui tient compagnie ; et il y a un silence de province qui vous éloigne du temps. Ici on peut regarder en toute solitude au-delà de l'horizon : quand les Lisboètes disent « voir des navires depuis la colline de Santa Catarina[1] », c'est à cela qu'ils font allusion. Ils désignent cet endroit comme le belvédère d'un voyage dont on rêve et qui s'éloigne. Cette expression me revient à l'esprit chaque fois que je vois les vieux qui

1. Expression portugaise signifiant « être frustré dans ses espérances ».

trompent le sort dans cet exil si proche du ciel. L'un d'eux, un des plus anciens, a confié qu'au moment de mourir il voudrait partir dans l'autre vie avec un crucifix dans la main et un jeu de cartes dans la poche.

Le bestiaire burlesque (palais Fronteira)

Loin, dans une autre Lisbonne, São Domingos de Benfica, il existe un bestiaire-mystère conservé en palais depuis plus de trois cents ans.

Entouré de jardins et de forêt au pied de la Serra de Monsanto et, plus bas, de marquis illustres qui lui donnent de la majesté, c'est le palais Fronteira. Côté architecture, pièce unique : il vient en tête de chapitre dans les traités des maîtres et vaut par la grande clarté avec laquelle il a été conçu. Côté auberge d'art, plus grand encore est son privilège car toujours ressortent l'audace et le mythe dans des figures de beauté classique ou dans des monstruosités de raillerie et d'excommunication. Un sentiment de diabolique alliance du sacré et du profane guide le regard, on se trouve sans aucun doute dans un lieu prodigieux propre à concevoir un bestiaire pervers et lui donner une demeure éternelle.

Avant de découvrir cette faune et le rire méprisant qu'elle engendre, on la voit annoncée par un Priape en marbre logé dans une sorte de chapelle ou antre à fantômes, qui pointe un gigantesque phallus vers une voûte couverte, non pas d'anges ou de splendeurs célestes mais d'oiseaux à visage humain. Sur les murs, au lieu des martyrs de la foi, s'alignent des femmes démembrées avec des feuilles en guise de seins : pas un mot, pas une légende pour les expliquer en ce lieu retiré. Là, seul le phallus commande, le phallus dévastateur, exhibé comme un étendard ou comme une pénitence.

Il convient de faire une pause devant ce monstre de chapelle car il est à l'origine des amours sanguinaires que quelqu'un, par vengeance ou par mépris, a utilisées comme thème pour le bestiaire du palais Fronteira. L'homme, à ce qu'il semble, a existé ; un tombeur de dames de notre XVIIe siècle. Français, d'ailleurs. Et querelleur violeur par vice et par désœuvrement. Un cavalier monté sur un pénis indomptable, parsemant de courtoisies les salons de la Lisbonne des années 1600.

Pascal Quignard l'a décrit en pied dans la nouvelle *La frontière*. Seigneur de Jaume, de son nom, entre assassin par trahison et démon d'alcôves. Aucune force, à ce que l'on sait, n'a jamais pu le freiner dans sa cavalcade de séducteur. Les anges libertins l'ont couvert de leurs ailes protectrices, c'est un fait, mais, sadiques par dévotion, ils l'ont ensuite, dans une envolée de sarcasmes, précipité dans le malheur — et le cavalier a fini châtré par la seule femme qu'il eût jamais vraiment aimée. La seule. Et sur ce, point final. *Acta est fabula*, ont chanté dans la chapelle les anges et les femmes aux seins végétaux.

Point final, non. Car, seul et tourné en ridicule,

l'étalon châtré s'en est allé demander clémence au Seigneur du palais qui l'a abrité jusqu'à la fin de ses jours. C'est dans ce laps de temps de miséricorde que quelqu'un au trait railleur et jamais identifié a dessiné non pas la tragédie du Chevalier de Jaume mais celle de la société qu'il a fréquentée.

La voici : un fablier de relations bouffonnes représenté sur ces azulejos. Là, les personnages humains ont des visages de singes pénétrés de leur savoir, et les animaux des expressions et des attitudes humaines. Des chats de palais étudient la musique avec un maître de solfège et un moine macaque, d'autres sont sur des chaises de barbier avec un homme-singe à leurs pieds. Dans un cabinet de guérisseur un matou, moustaches austères et œil froid, tend la patte à l'observation du physicien qui cache son ignorance derrière un monocle ajusté à la hâte. Plus loin, un autre chat attend son tour et, plus en arrière, un autre encore s'occupe à lire un papier avec l'importance d'un analphabète sur un trône de charlatan.

Chats et singes sont la dominante. Macaques joueurs de trompe ou fumeurs de pipe, certains avec des seins de femmes, d'autres se promenant comme des dieux sur un char de l'Olympe, macaques, macaques et encore macaques. Quelque part, un lion à tête humaine tente un saut par surprise et une chienne-sirène batifole avec un ange de la mer. Un peu plus loin, un serpent à tête de dauphin. Une provocation, une impudence.

Quittant ce bestiaire social qui s'étend aux azulejos des bancs de jardin, on voit une fois de plus le palais entouré de statues classiques ; on garde en mémoire les bustes de rois ou de gentilshommes alignés en galerie et les chevaliers représentés sur de hauts panneaux de façade. Mais qu'on le veuille ou non, ce qui perdure c'est le souvenir de ce chevalier resté pour l'éternité dans l'image d'un sexe incommensurable déchirant la demi-obscurité d'un sanctuaire. En vérité, de qui s'agit-il ? Du Seigneur de Jaume ou d'Attis, l'amant que Cybèle a châtié ?

Près de lui, dans le parc, danse une déesse en marbre et un Neptune vous menace de son trident. Ils sont fous, murmure une fleur du jardin.

Autres bêtes, autres Lisbonne

Rafael Bordalo Pinheiro a vu le jour dans la Rua da Fé et je parierais que, dès le berceau, un chat lui a tenu compagnie. Un chat bourgeois, nécessairement. L'un de ces chats, nombreux, qu'il a semés partout, à commencer par celui qui figure sur sa propre caricature pour finir par ceux des pièces de céramique qui l'ont rendu génial. Des chats en terre cuite émaillée : l'un, courroucé, sur un couvercle de théière ; l'autre, indolent, à usage de crachoir ; d'autres encore faisant le gué au fond d'assiettes décoratives ou se répétant sur des reliefs d'une frise de salon.

Soudain, saute une grenouille. Rien d'étonnant à

cela, la grenouille étant l'un des personnages les plus estimés du fablier du Maître. Mais elle surprend par l'audace avec laquelle elle se présente : on peut la voir qui fume le cigare sur les panneaux du débit de tabac Monaco, à Rossio, une de ces petites chapelles des intellectuels de la fin du siècle que menait Alexandre Herculano ; si on la veut en bibelot, en objet utilitaire ou en relief émaillé, il suffit d'être attentif, car elle ne manque pas. Elle fait partie des animaux champêtres que Bordalo a récupérés comme sujets de décoration pour une bourgeoisie urbaine encore chargée de romantisme rural. Bêtes toutes simples et reproduites avec une délicieuse exactitude : le petit lézard rusé, la sauterelle déhanchée, le geai, l'abeille ouvrière, le cochon des gourmets, la dinde, la poule sur le perchoir. Viennent ensuite les poissons, les fruits de mer de la bourgeoisie à table abondante et serviette autour du cou, depuis le très modeste crabe jusqu'à la somptueuse langouste ou à la morue populaire, le tout procurant plaisir et nostalgie à une société reposée. Ne manque même pas, accroché au mur, l'éventail servant à attiser le feu, élu objet d'art en tant que divertissement, un sourire.

Ordre domestique, la composition du décor familier des bourgeois de Ramalho ou d'Eça de Queirós. C'est à eux qu'était destiné le bestiaire de Bordalo, ça ne pouvait être pour personne d'autre. Lorsque je vois un criquet sur une feuille de chou décorant un encrier de bureau, je pense au commandeur qui rédige une pétition à Son Altesse dans la digne paix de son foyer (à ses pieds, un crachoir de faïence en forme de chat ou de grenouille géante, c'est plus que sûr). Et si je m'attarde à contempler un vase recouvert de moules en porcelaine ou une soupière configurée en poule au goût plastique amusant ; si, poursuivant, je pose les yeux sur des sucriers, des pots, des plats émaillés, des porte-cure-dents et tout un arsenal d'objets travaillés en sculptures d'animaux, je me rends compte, c'est évident, de la savoureuse ironie sociale contenue dans un tel art. Une ironie en beauté palpable, presque charnelle. Il se trouve qu'au-delà de cette zoologie il en est une autre que le Maître est allé cueillir dans les couloirs du Parlement pour les pages du *A Paródia*, du *Pontos nos ii* ou du *António Maria* avec des caricatures propres à démolir le politicien circonspect et ses animaux corrélatifs.

Ce sont d'excellentissimes citoyens, ceux dont je parle à présent, qui se faufilent à travers les coutures des décrets ; pour qui veut les voir émus, il suffit de leur faire entendre l'hymne national ou de leur parler des petits pauvres. Dans tous les cas ils se refont en vitesse. Ils se redressent, se passent le mouchoir sur les moustaches et, très vite, les revoilà dans leur discrète dignité, s'écorchant les uns les autres avec la plus grande des saloperies — qu'on veuille bien m'excuser. Comtes, ministres, pairs du royaume, il y a de tout parmi eux. Bordalo, lui, n'a pas pris de gants pour leur tomber dessus avant qu'il ne soit trop tard. De sa main de caricaturiste (celle qui ne pétrissait pas la terre glaise avec délice et sensualité), il les a enfilés dans un enfer d'éclats de rire avec un bras d'honneur en souvenir.

Quelle que soit la tournure de l'Histoire, ils ne s'échapperont jamais de là et, aujourd'hui, lorsqu'au fil des pages nous les revoyons, nous faisons connaissance avec une portugalité fin de siècle que personne n'a su regarder avec autant d'astuce et de malignité.

Aujourd'hui le grand maître n'est pas seul. Quand je vais lui rendre visite au musée de Campo Grande, je sais que s'y trouvent aussi les dessins de João Abel Manta. C'est un voisinage heureux. Une tradition qui se continue dans la dignité car, de nos jours, aucun peintre n'a su comme João Abel Manta délaisser la toile et le pinceau pour prendre en note le quotidien du pays avec un humour aussi fin et aussi courageux.

Des bêtes, il y en a aussi dans ce registre et, pour le plus grand désarroi de l'observateur moins averti, avec des ressemblances très humaines. João Abel Manta les a réunies en un chapitre séparé et, pour plus de clarté, dûment identifié sous le titre : *Caricatures portugaises des années Salazar*. Il les a montrées si réelles dans leurs distorsions qu'elles ont abouti à un bestiaire de la terreur, de la médiocrité et de la superstition.

Le méridien des rencontres

Fernando Pessoa est assis sous la pluie à la terrasse du Brasileira. Almada est à l'intérieur. Du moins s'y trouvait-il. Longtemps je me suis habitué à le voir sur un mur en autoportrait des années vingt, accompagné de deux dames sophistiquées qui semblaient attendre quelque chose, mais quoi donc ? Le deuxième futurisme ? Le prochain train pour Paris ? Jusqu'à aujourd'hui, silence total. Almada a cessé d'être vu en leur compagnie au Brasileira et, avec la pluie qui est en train de tomber, il est probable qu'il n'y reviendra pas de si tôt.

« Pluies persistantes, tristesses grandissantes, qu'une eau de vie bienfaisante vienne combler l'attente », disent les Lisboètes de gargote. Cependant, Pessoa, qui sait tout cela par cœur pour avoir éclusé à bien des comptoirs de Lisbonne, est toujours assis à la terrasse, sous la pluie — et sans boisson, de surcroît.

(« C'est lui, notre père à tous », disait Sebastião Opus Night en montrant du doigt la statue du poète chaque fois qu'entre chien et loup nous passions à Chiado. Il ajoutait qu'il n'était pas correct de l'avoir assis dehors afin que les touristes puissent prendre leur petite photo en intimité avec lui, mais il le préférait assis plutôt qu'à cheval comme certains héros en statue car, pensait Opus Night, Pessoa devait avoir la jambe faible. De toute façon il était l'auteur de *Message* et, en tant que tel, père de tous les chômeurs qui poussent leurs poèmes le long du Tage, disait-il.

« Oui, sur la chaise d'invité de Pessoa seul devrait être Antonio Tabucchi », murmurais-je invariablement et invariablement Opus Night gardait le silence. Pour un blasé de Lisbonne comme lui,

Tabucchi devait être, pour peu qu'il l'ait lu, un écrivain maudit.)

Le pire, c'est qu'il pleut. À cette heure-ci Opus Night en est à son sommeil de l'après-midi, cuvant son whisky de la nuit dernière, et le Pessoa en bronze, pauvre bougre, il y a belle lurette qu'il est passé au-delà du temps. Lui fait face, sur la place, un moine putassier qui, il y a plus de trois siècles, faisait des vers gouailleurs et qui à présent est assis sur un piédestal, sa face pleurant une diarrhée de pigeons. Chiado, c'est de lui qu'il s'agit. Personne ne lui porte plus attention, et cependant l'homme était non seulement poète, mais imitateur de voix ; un coquin dans tous les sens du terme. C'est ce qu'on dit.

Le plus étrange c'est que ce rimailleur très probablement corrompu, ce moine scorpion, s'est vu devenir monument de place et d'éternité sans que personne ne sache pourquoi et son nom est resté sur le plan de la ville comme la plus grande référence culturelle et mondaine du pays. C'était plus ou moins l'époque où le romantisme poussait son dernier soupir et où les bourgeois d'Eça de Queirós abandonnaient le Passeio Público de Garrett pour monter au Club littéraire. Chiado, un décor, un rituel. Fumant le cigare à la porte du Havaneza, Ramalho Ortigão a vu défiler le *tout Lisbonne** de son temps. Plus snob qu'un chat de salon, il aurait pu être l'un des personnages de l'*Album de gloires* de Bordalo transposé en chair et en os dans les après-midi huppées, la main gantée, la canne fine et le *Figaro* pointant à la poche du frac. Il saluait Teófilo Braga avec une haute considération et peut-être tous deux avaient-ils discuté quelques paragraphes de Proudhon, cela ne m'étonnerait aucunement. Quant à Fialho de Almeida, il le saluait d'un bonjour comment allez-vous, dans la mesure, pensait-il, où la parade des lettres avec des élégants de province genre Fialho était une indigence à regarder pardessus le pince-nez.

Eça, il le rencontrait souvent, bien qu'Eça fût constamment mêlé aux personnages qu'il décrivait. Un peu plus bas que le Havaneza, à l'hôtel Universal, il retrouvait toujours un monsieur de ses romans de passage à la capitale, et à la pâtisserie Ferrari, dans un but très personnel, il avait l'habitude de réserver une table pour certains dialogues et certaines scènes de ses chapitres. Il se promenait en compagnie d'Ega et de Carlos des *Maia*, faisait de petits tours pausés à travers Loreto et le Largo de Camões et, par malice, poussait jusque chez le conseiller Acácio qui se trouvait à deux pas de là, Rua Victor Cordon. Tout porte à croire qu'il rejoignait Luísa dans le jardin de São Pedro de Alcântara, là où ce petit cœur avait l'habitude de patienter avant de tomber dans les bras de ce vaurien de cousin Basílio.

« Monter à Chiado ». Dire cela à cette époque était presque annoncer le privilège du siècle. Opéra à São Carlos, soupers au Tavares Rico, le Club littéraire avec des messieurs sur le balcon donnant sur le Tage, attendant les paquebots du Courrier Royal et les journaux d'Angleterre, ah messieurs, vivre si intensément c'était réellement monter.

Cela, vu d'un certain côté ; car de l'autre, Chiado avait gagné de nouvelles hauteurs et en gagnait encore beaucoup d'autres. À partir de la très patriarcale Bertrand, d'autres librairies s'étaient installées, avec rencontres littéraires et politiques ; et des bouquinistes ; et des antiquaires. Montant, montant toujours, les grands journaux étaient apparus et avaient occupé le Bairro Alto, mitoyens avec des bordels à cran d'arrêt et petite vérole ; puis la Bibliothèque nationale avait fait elle aussi son apparition, autre conquête. Immédiatement après, cela avait été l'école des Beaux-Arts, la contestataire de la peinture officielle et de l'urbanisme de façade.

Délaissant les librairies, les rencontres s'étaient déplacées vers les cafés. Il suffisait de traverser la rue et on était au Brasileira, table contre table avec les maîtres des arts et les bohèmes culturelles, sans parler des journalistes qui venaient flairer tout ce monde après un passage par le café Araújo où Stuart de Carvalhais griffonnait des caricatures entre deux verres de rouge.

Rua Garrett, le nerf de Chiado, comme quelqu'un a dit. Aquilino Ribeiro, alourdi par les ans, à la porte de la librairie Bertrand ; à côté de lui, un Columbano en peintre-étudiant du XIXe siècle et, sur le trottoir d'en face, près de la librairie Sá da Costa, António Sérgio en conversation avec un Antero presque enfant. Plus bas, au fin fond d'un café qui s'est déjà presque effacé de la mémoire sous le nom de Chiado, Carlos de Oliveira : il est seul ou, plutôt, je l'entrevois recevant les hommages de Raúl Brandão, rien de plus naturel. Au coin de la rue, je place un peintre en visite qui pourrait être aussi bien un expatrié des années vingt que quelqu'un de la génération des tout jeunes de Paris ou de la Slade School de Londres, et, à un autre coin, méfiants comme des chats, Gaspar Simões et quelques critiques littéraires de diverses époques guettant poètes et romanciers en transit. Rua Garrett, méridien pendant plus d'un siècle des lettres et des arts portugais. Danseurs du São Carlos, chanteurs de l'Académie des Amateurs de musique, toute proche. Journalistes, poètes ajournés, conspirateurs. De temps en temps passent des dames, jupes au vent, et des vendeuses de violettes. Manquerait-il quelque chose dans un décor aussi vivant ?

Oui, quelque chose manquait, manquait toujours. À chaque information, à chaque rencontre, surgissait une idée à contester qui aussitôt en engendrait une autre. Réalismes, futurismes, surréalismes, toutes rimes que les arts allaient lancer et qui sont passées, les unes après les autres, par les refuges de Chiado.

Chiado, la blessure de feu

Fernando Pessoa et le moine « à putes de gargotes » (selon Afonso Álvares) connu sous le nom de

Chiado sont assis là, sous la pluie, indifférents l'un à l'autre.

Deux poètes de Lisbonne, deux naufragés du feu. La petite place où ils se trouvent (autrefois assaillie par d'ardents fanatiques des processions du Saint-Office et aussitôt après ébranlée par un tremblement de terre à vous secouer le monde entier), cette petite place, disais-je, a eu le bonheur de survivre il y a quelques années à un incendie qui l'en a tenue à distance. Mais jusqu'à l'endroit où le feu est parvenu, tout a été réduit à ce que l'on sait : décombres, cendres, fers tordus ainsi qu'une stupéfaction qui nous déchire l'âme.

Aujourd'hui, quand je traverse ce visage corrompu de Lisbonne, je le vois comme une blessure ouverte dans notre mémoire collective. Plus encore : c'est un peu de ma propre mémoire qui a été déchiquetée car moi aussi j'ai remonté Chiado à différents âges de mes livres et en compagnie d'amis de différentes générations. Donc, aussi rapide que soit la cicatrisation de ces murs fantômes, je sais qu'il restera toujours une fumée, une ombre douloureuse qui m'obscurcira le passé.

Je ne retournerai plus jamais à la pâtisserie Ferrari qui datait de l'autre siècle, avec ses dorures bourgeoises et ses douceurs de couvent. Et la tricentenaire maison Batalha, combien de temps serai-je capable de me la rappeler en tant que relique anonyme, présente et méconnue ? Et les Grands Magasins Grandella, avec leurs petites employées derrière les comptoirs, dans l'attente du sempiternel feuilleton télévisé ?

Il est possible de définir Lisbonne en tant que symbole. Comme la Prague de Kafka, le Dublin de Joyce ou le Buenos Aires de Borges. Oui, cela est possible. Mais, plutôt que la ville, c'est toujours un quartier ou un lieu qui caractérisent cette définition et la fidélité si souvent inconsciente que nous lui vouons. Chiado, dans ce cas. Sa géographie culturelle, son éclat diurne, la paix provinciale de ses rues la nuit venue, tant de choses, tant de choses. Mais il se trouve que Chiado ne peut se résumer à une éphéméride, à un livre d'or ou à un belvédère par où seraient passés les printemps des Belles-Lettres-Beaux-Arts d'un pays. Il est aussi dans la trajectoire de notre pensée sociale contemporaine, dans l'évolution de notre politique, et c'est là un chapitre qui lui est dû en des paragraphes d'honneur insigne.

Aujourd'hui encore, lorsque j'arrive sur le Largo Rafael Bordalo Pinheiro avec cet immeuble décoré de figures maçonniques, il m'arrive de détourner le regard vers la vieille maison, anciennement Casino Lisbonense, où ont eu lieu les Conférences démocratiques qui ont proclamé la fin de notre société du XIXe siècle. Me viennent immédiatement à l'esprit les noms d'Antero de Quental, de José Fontana, d'Eça de Queirós et d'Oliveira Martins — eux qui, dans ces salles, ont lancé le grand *pronunciamiento* de la modernité dans le pays.

Et si, descendant de quelques mètres, je me retrouve sur le Largo do Carmo avec, au milieu, la fontaine éclaboussée de petits oiseaux, alors quelque chose de très vertical m'empoigne profondément car c'est là que j'ai vécu le moment le plus émouvant de ma vie de citoyen. Largo do Carmo, année 1974, qui peut l'oublier ? C'était le printemps et la capitale proclamait la révolution des Œillets face aux propriétaires de la dictature cernés dans une caserne. J'y suis retourné maintes et maintes fois après l'incendie. Les flammes ne sont pas arrivées jusque-là ; de minutieuses colombes couvrent la place et on entend l'eau couler. Chiado, la paix après le tumulte. Heureux endroit que celui-ci — qui, malgré les séismes et les flammes, a eu la chance d'être le théâtre de la libération d'un pays.

Je regarde et me souviens, mais une partie de l'endroit est défigurée. Et cela fait mal, on ne l'oublie pas. Quand ces cicatrices seront fermées, comment sera ce visage de moi-même ?

L'ascenseur vers l'enfer

Lawrence Ferlinghetti, des mois après l'incendie, empruntant l'ascenseur de Santa Justa qu'il pensait l'œuvre d'Eiffel :

> *Le petit homme aux yeux de poisson*
> *a pris le fameux ascenseur de monsieur Eiffel*
> *pour monter et descendre et descendre et monter*

*mais il s'est trompé de bouton
comme le disent les annales de la ville
et il est descendu et descendu au lieu de monter
jusqu'à l'enfer de monsieur Dante
et plus jamais on n'a eu de ses nouvelles
plus jamais on ne l'a revu
le petit homme aux yeux de poisson
a disparu pour toujours
bien qu'il existe encore une étrange odeur de poisson mort
certains jours...*

Quand l'odeur de pourri disparut, le très social-chrétien maire de l'époque enfila son collier de haut dignitaire puis monta par l'ascenseur jusqu'aux ruines de l'incendie de Chiado pour déclarer la ville hors de danger. Mais là-haut il fut secoué par un coup de vent corsaire ; aussitôt il se retrouva avec des yeux de poisson monstrueux et se mit à dégager cette même odeur de pourri qui, peu de jours auparavant, recouvrait la ville.

Lawrence Ferlinghetti n'a jamais su que le maire était le même petit homme aux yeux de poisson de l'ascenseur de Santa Justa qui descendait vers l'enfer de monsieur Dante. Ni que la population, pour se libérer de la puanteur qui se dégageait de son âme, s'était vue contrainte de l'expulser.

De bar en bar (photogramme 1)

« Faire des heures », avons-nous coutume de dire quand on n'a rien d'autre à faire. Temps d'attente ou vide imprévu, il y a pour cela des endroits auxquels on a recours, croyons-en par exemple les habitués des bars ; mais là le temps mort se termine souvent en temps vivant et peut même ne plus être d'attente. En réalité, seul le buveur distrait croit tromper les heures ; alors que souvent ce sont les heures qui nous trompent en comptant, au pas exact et cadencé, un temps au-delà des chiffres. Ce n'est pas par hasard que dans la vieille langue de Lisbonne on donne à l'horloge le nom de « crabe », lequel est un animal à la marche trompeuse, qui fait semblant de reculer tout en avançant de côté afin qu'on ne saisisse pas sa direction.

À Lisbonne, à l'horloge d'un azulejo du quartier de Graça, on peut finir par se dire qu'ici on n'atteindra jamais ni midi ni minuit : onze heures trente-cinq. Quel que soit le nombre de tours que le monde accomplisse, les aiguilles ne bougent pas. Mais à l'ascenseur de Santa Justa ce n'est même pas que le temps se soit arrêté, il est aveugle, complètement aveugle. Du moins c'est ce qu'indique l'horloge que les paveurs ont dessinée à l'entrée et qui, bien que le cadran ait été numéroté avec rigueur, ne distingue pas les heures des minutes car les deux aiguilles ont la même taille. Plus déconcertante encore est celle du British Bar de Cais do Sodré dont les aiguilles tournent à l'envers et affichent des heures très précises. Celle-là, oui, qui avance en marche arrière, est un « crabe » dans le vrai sens du terme lisboète.

Alain Tanner l'a utilisée dans la *La ville blanche*, ce dédale d'écuries qu'il a identifié à Lisbonne après l'avoir entièrement barbouillé pour un film de quai de l'insomnie sous un mauvais œil morisque. Il aura vu très probablement dans l'horloge du British Bar une métaphore de la nostalgie lusitanienne ; les Français culturels sont très capables de ça et, de surcroît, les Portos à la page leur en sont reconnaissants. Temps s'écoulant en arrière, nostalgies, exotismes : ces effets ne sont jamais ratés quand ils sont regardés avec complaisance par les gens de l'art civilisé. Si mon Sebastião Opus Night, toujours se démarquant de Lisbonne, avait une seule fois consulté l'horloge à l'envers par le biais de la sémiotique du Gaulois, il aurait dit, j'en suis sûr, que dans ce coin même le temps avance en *trompe l'œil**.

Pour les clients du British Bar, cette curiosité n'est rien d'autre qu'une blague de bienvenue. Depuis les années lointaines où Bernardo Marques et Carlos Botelho y abordaient jusqu'aux jours incertains d'aujourd'hui, j'y reviens à chaque occasion et, devant un verre de ginger-beer pression, je regarde ces aiguilles qui tournent en arrière et avancent dans le temps.

Eh oui. Au British Bar les années passent, les générations changent, viennent des hommes de lettres, viennent des contrebandiers, viennent des dockers mêlés à des filles de civilisation, mais l'esprit et la couleur locale restent uniques. Il a une saveur de quai sans eau à portée de vue, cet endroit.

Une vendeuse de loterie entre. Il y a longtemps que, fréquentant les bars du coin, je la connais ; je la regarde et la revois appétissante, seins pointés, bas de soie et talons hauts. Elle passe près de moi, et à sa façon de faire elle me laisse des messages. « Tu as pratiqué la fornication mais c'était dans un autre pays », c'est ce qu'elle me dit, bien que sans utiliser de mots car les mots, je les ai pensés moi-même et ils sont de T.S. Eliot.

« Tu as pratiqué / La fornication ; mais c'était dans un autre pays / Et de plus la femme est morte. » Ce message d'Eliot, je ne peux l'oublier.

Il n'y a pas de doute, les bars sont réellement des navigations très personnelles. De l'autre côté de la rue j'ai l'Américain qui arbore, comme une figure de proue, non pas une horloge intrigante mais un puissant tupaïa empaillé sur un autel mural. Autrefois c'était un comptoir de Suèves, Danois et Britanniques, tous agents de navigation de Cais do Sodré, et ici, aujourd'hui, le jour s'y prêtant, je bute sur un autre poète : Pessoa. Pessoa, toujours Pessoa, Pessoa, notre destinée. Lui aussi, dans les glorieuses années trente, fréquentait l'Américain aux heures liturgiques des *morning drinkers*. Navigations, c'est bien ce que je disais. Dans les bars de Cais do Sodré personne ne peut être sûr de ne pas recevoir par la proue un poète à la dérive.

Aujourd'hui l'Américain a perdu du lest, il balance à la surface d'un passé de buveurs en anglais, réfléchis dans le gin tonic ou dans le sling. Il est presque à sec, comme on le voit, sans ces navigateurs de comptoir ; et pour cadre de sa solitude il exhibe des calendriers de shipchandlers avec des navires au long cours jetant de la fumée sur les murs.

Encore les bars (photogramme II)

Touché par une vague brise post-romantique, Le Procope a fait son entrée dans la cartographie des bars : chaises recouvertes de velours, reflets Arts déco, horloge à petit cheval et luminaires de Guimard, toute une décoration pour une bourgeoisie particulière. « Je n'aime pas ça », a dit Sebastião Opus Night, toujours méfiant devant les rencontres inattendues.

J'ai aimé. D'abord parce que Le Procope avait respecté l'intimité du jardin d'Amoreiras à l'ombre des vieilles arches de l'aqueduc d'Águas Livres ; ensuite, parce qu'il se trouvait dans une petite maison basse couverte de plantes grimpantes qui passait des films de Charlot sur un écran réservé aux amis ; enfin, à cause de la fontaine. Une fontaine à la porte d'un bar, c'est une salutation qui attendrirait le plus grand des bandits.

À l'intérieur, l'ironie se confirme dans une ambiance de voix multiples, avec des trouvailles et des improvisations planant tout au long de la nuit. Austérité, ça, jamais ! Ce n'est certes pas le dénominateur commun à la culture et à la politique qui distingue ce bar et lui refuse l'esprit de *lobby*. Toutefois, chaque année, ponctuellement, le « prix Procope » vient affirmer que les arts et l'échiquier politique sont au centre du dialogue de cette maison avec fontaine à la porte, whisky sur la table et Nuno Brederode Santos dictant pour l'*Expresso* : « Il y a des Lisbonne inaccomplies, des villes qui en nous se font. »

On le dit bar rétro, mais on retrouve ce même esprit et cet humour dans une modeste petite chapelle entièrement dédiée à la mémoire de Bordalo, à l'est de Campo de Ourique. La Réjouissance. Un bar portant ce nom dit tout dès que la porte s'ouvre : caricatures du maître sur les murs et collection de l'hebdomadaire (*La Réjouissance*, naturellement) pour les heures de solitude.

Mais c'est sur une autre route, qui se tourne vers Chiado, que l'on rencontre le bar le plus rétro de la ville. *Bar bric-à-brac**, a dit quelqu'un, ce qui en l'occurrence est également exact ; celui-là a jeté l'ancre dans ce qui a été une épicerie élégante il y a deux cents ans, et je le soupçonne d'y avoir encore trouvé une odeur de thé au jasmin. Il a gardé le nom de Pavillon chinois, a respecté la façade, y a ajouté des reliques, signes de guerres et de seigneurs-rois, et a disposé en autel une collection de petits personnages qui font des bras d'honneur (encore du Bordalo), et puis il s'est fait bar.

Bien des jeunes à l'allure prometteuse qui le fréquentent — certains en projet de jeunes loups retardés, d'autres même pas — n'ont jamais dû remarquer les préoccupations artistiques qui les entourent, mais j'admets que les choses de ce genre et l'humour qui leur est particulier sont des valeurs trop rhétoriques pour le pragmatisme de ces consommateurs écervelés à qui il suffit de trouver là un imposant comptoir victorien et un buste coloré de la saine République portugaise.

Rien de plus sûr : la conjugaison des bars est très personnelle car chaque buveur a son plan et chaque plan a ses ports. Quand, il y a quelques années, au lieu de l'English Bar ou du Pavillon chinois, je prenais la direction du Botequim, sur le méridien de Graça, je savais qu'au premier abordage je me trouverais face à une île fermée mais qu'à l'intérieur Natália Correia, la reine de la nuit, déclarerait ouverte la rencontre. Entre le salon et le lieu de réunion il y avait un piano, et on en jouait. Et il y avait de la littérature, de celle qu'on lit à voix haute. Et de la politique. Et des chants de hasard.

Chaque buveur a son plan et chaque plan a ses ports, et des voiles au large, mais poursuivons, car la nuit ne fait que commencer.

Le talon d'Ulysse

Dans le corps d'une ville il y a toujours une articulation sensible, la plus fragile ou la moins bien protégée. Ici, dans la capitale d'Ulysse, il y en a plusieurs pour ceux qui savent les découvrir et, curieusement, certaines sont des nœuds intimes, roses anonymes, du paysage consacré.

Pour les connaître il faut négliger la beauté de l'évidence, laisser, sans offense, la romantique Praça das Flores ou l'arbre fondateur du jardin de Príncipe Real, et viser, supposons, le délirant pavillon en verre de Tapada da Ajuda. Aller derrière la prison de Limoeiro et laisser la vue s'étendre le long du fleuve sur une étonnante largeur. Ou bien traverser Lisbonne à grande hauteur, sur l'aqueduc d'Águas Livres où planent les mémoires assassines de Diogo Alves. Ou encore naviguer sur le Tage gitan qui, il n'y a pas si longtemps, était couvert de chalands habités. Ou enfin s'engager sur le quai abandonné de Ginjal et assister à la tombée de la lumière sur la ville, de l'autre côté du fleuve. Tant de chemins, que sais-je ?

Enfin, oubliant la diapo officielle, les flèches du tourisme, alfamas, belvédères et fados-destinées, on peut arriver — autre supposition — à Alto da Graça. C'est un endroit négligé, il faut bien le reconnaître ; un préjudice porté à la vue, mis à part ce balcon de jardin qui donne sur l'une des Lisbonne s'étendant jusqu'au Tage dont parlent les guides de tourisme.

Oui, mais quittant ce belvédère, avec un peu de chance dans les hasards, on traversera peut-être la place (avec la confusion de tramways et de petits commerces qui grouillent par là) et, à mi-descente, près de la caserne des pompiers, on tombera soudain sur un recoin de beauté : villa Berta. Elle surgit comme une rue fermée par un immeuble, avec des peintures en azulejo et un tunnel menant à la ville qui l'entoure. D'un côté et de l'autre, des maisons bordées de fleurs — et du silence. Une paix subite, presque secrète. Une intimité que l'on sent déjà ancienne.

Aucun romantisme de bourgeoisie provinciale ne se révèle dans le goût et l'architecture de la villa Berta. Pas davantage de maniérismes et encore moins de symétries immédiates tendant à ménager une belle composition. Au contraire, faisant face aux maisons toutes simples d'un des côtés de la rue, se projettent de hardis balcons de fer forgé, lancés comme des pontons, et l'admirable c'est que d'une telle confrontation ressort une harmonie enchanteresse. Fidélité à une époque et à un goût pressenti, serait-ce cela ? Les colonnes et les finitions de fer rappellent l'école d'Eiffel et les dessins en azulejo ont la couleur de l'aube du siècle. Et les fleurs ?

De fleurs, au printemps et en été la villa Berta est couverte. Roses aux grilles et aux fenêtres, roses sauvages, grimpantes. Roses et plantes imprévues sur taches d'imagination. Voir comme je l'ai vu, exposé sur un ponton désert, un lavabo en porcelaine débordant de plantes grasses en plaie vive, c'est se trouver devant une sculpture d'avant-garde dans un décor hors du temps. Un décor ? Un décor, je dis bien. Cette villa, cette cour, a quelque chose d'une scène aux rideaux levés, il suffit de regarder. D'un côté, des balcons ouverts sur la scène ; dans le fond, une façade d'immeuble aux ornements colorés et un tunnel d'accès à la ville.

C'est par cette entrée et par une nuit d'été que l'on verra apparaître le Chevalier à la Rose inondé de clair de lune. On dira qu'on l'a vu s'arrêter au milieu de la cour, brandissant très haut la fleur qui l'annonçait et entouré de silence.

« Regarde, Daisy »

Regarde, Daisy, quand Álvaro de Campos t'a dédié ce « Sonnet déjà vieux », ici quasiment personne ne connaissait ton nom. Aujourd'hui, en revanche, tu peux même le voir écrit sur un trottoir de l'Avenida de Roma, devant une boutique de trousseaux de mariée. Trousseaux de mariée, remarque : une référence s'accordant bien avec le sonnet qui t'a rendue éternelle. Un endroit où ton nom peut être lu à n'importe quelle heure et par n'importe qui comme un mystère déposé sur son chemin.

Je sais bien qu'au temps d'Álvaro de Campos l'Avenida de Roma n'existait pas encore (toi-même n'as jamais existé), mais il y avait beau temps que les trottoirs de Lisbonne étaient illustrés par des arrangements de petites pierres composés par des dynasties d'artisans qu'on appelle des paveurs. Tu aurais dû les voir, tu aurais dû les voir. Des maîtres sans signature, c'est ce qu'ils ont toujours été et continuent d'être, plus habiles et patients que personne. Avec leur boucharde, ils façonnent adroitement dans le creux de leur main de petits morceaux de basalte qu'ils implantent ensuite dans la blancheur des trottoirs comme s'ils implantaient des diamants noirs. Ils soignent les artifices, sont maîtres autant dans la figuration libre que dans le tracé géométrique et, s'il le faut, ils vont jusqu'aux inscriptions calligraphiques qu'ils exécutent avec une rigueur de traité d'arabesques. Paveurs. En anglais je ne sais pas comment on le dit mais je les appellerais illustrateurs ou orfèvres des rues, si ce n'était pas trop littéraire de les appeler ainsi. Ce sont eux, sache-le, qui enjolivent et couvrent de mémoire les chemins que nous autres, de Lisbonne, foulons chaque jour.

Si, au lieu de York où t'a envoyée Álvaro de Campos, toi, Daisy, préférais venir par ici, tu verrais des pavages artistiques un peu partout : dans les cours, les avenues, les couloirs de certains centres commerciaux et même dans les cimetières. Dans les cimetières, je n'exagère pas : du moins dans celui de la colline de São João, où un cœur si souvent transpercé par une flèche d'amoureux repose à présent, parmi les tombes et les cyprès, tracé à la pierre de deuil et enveloppé d'épines de Dieu. Je le laisse comme signe d'avertissement pour le promeneur et mes pas me mènent, non loin de là, à Penha de França, devant une lettre précieuse, une initiale brodée de petites pierres à la façon d'un monogramme de trousseau : des amours, c'est évident. Dans une autre direction, Praça José Fontana, autour du kiosque à musique du jardin, il y a des lyres (je les connais depuis mon enfance, elles ont une mélancolie bucolique, hors du temps). Du côté d'Ajuda, un nom de femme : « Leontina », je lis. Et je m'arrête : pourquoi cet engagement de cœur laissé en toutes lettres en un endroit piétiné par tout le monde ?

(En vérité, Daisy, bien qu'ayant beaucoup voyagé dans la poésie, ton nom reste une énigme pour qui le découvre implanté pierre à pierre dans le trottoir de l'Avenida de Roma. Va donc voir, essaie. Vas-y et, du bout du pied, tâche de le déchiffrer.)

Et les dates ? J'y pense maintenant. Pourquoi certaines dates que nous rencontrons ici ou là ont-elles des chiffres qui nous intriguent ? Celles que nous lisons aux frontons de certains établissements commémorent une fondation, un accord commercial, rien d'étonnant. D'autres sont historiques, nous les apprenons au fil des places et des avenues dans un défilé de guerres, de grands voyages et de découvertes. Mais celles qui nous suprennent, qui n'ont ni cadre ni monument, comment les identifier ? Pour moi, sincèrement, elles sont aussi énigmatiques que les dates imprimées en tatouages irréversibles que certains hommes de spectacle ou d'aventure sont condamnés à traîner toute leur vie.

Illustrateurs et calligraphes appliqués, les paveurs remplissent les chemins par où nous allons, et, très anonymes, s'effacent aussitôt. Mais à Junqueira ils ont laissé la rue parsemée de virgules de pierre noire ; à Estrela, dans la cour d'une école maternelle, ils ont tracé des voyelles à apprendre à cloche-pied ; et à Benfica, Rua do Guarda-Jóias, ils ont éparpillé des plumes finement découpées sur toute la surface du trottoir. Et si enfin, dans la rue du poète Pascoais, à la porte de la bibliothèque publique, je bute encore contre un livre marqueté, alors, ma petite, je vais avoir l'impression d'avoir épelé la ville avec mes pas.

Paveurs. Quand on aura la chance de rencontrer ces maîtres assis sur leurs talons, on pensera à des scribes accroupis à fleur de pierre. Ou, les voyant graver des images par petits traits pointillés selon la règle des graveurs sur cuir, peut-être les prendra-t-on pour des mémorialistes qui, par piqûres presque rituelles, revêtent le corps de la ville de tatouages imprimés au basalte, comme si les figures, les dates et les symboles qui font la mise en scène des hommes faisaient aussi la mise en scène des rues.

Vraiment, Daisy. Cette sirène — que n'importe lequel d'entre nous aurait pu voir sur un tatouage de marin pour touristes — est faite avec de la pierreémail à Chiado, au pied de la statue de Camoens. Et les dauphins, les célèbres dauphins qui sillonnaient les très nobles eaux de l'Ulyssée, on peut les voir tout aussi bien colorant la peau d'un diable qui vomit des flammes vers le ciel à la Foire populaire, qu'illustrant le sol de la Praça do Comércio, face au Tage.

Mais l'art n'en est pas resté là, crois-le bien. En admettant que, petite Anglaise des sonnets, tu débarques un beau jour à Lisbonne à la recherche d'Álvaro de Campos, rien ne serait plus naturel que d'avoir pour t'accueillir les fleurs du pavé de la Travessa do Loureiro, du côté de Santa Marta, ou la pomme du péché, une pomme énorme, éblouissante, qui marque l'entrée d'une croissanterie à Campo Pequeno. « Une pomme, à cet endroit ? » demanderais-tu. Et je répondrais : « C'est comme ça. » Dans la Lisbonne que l'on parcourt au pas, beaucoup de choses restent à découvrir.

Par exemple, cet éléphant qu'on voit apparaître dans l'ombre de la Rua Anchieta, à Chiado, quelle raison a-t-il d'être là ? Et le serpent fait de petits cailloux sur la Praça do Príncipe Real ? Ironie ? Jeu secret ? Et le mot « Électricité » à la porte d'une agence funéraire ?

La ville qui se réfléchit

À Lisbonne, entre les dessins de trottoirs et les azulejos décoratifs il existe une étrange relation. C'est du moins ce qu'il me semble. Il peut arriver qu'un jour, quittant des yeux le pavage du sol, on voie sur un mur, devant soi, les formes qu'on avait à ses pieds, mais traitées en couleurs, émaillées et dans une autre figuration. Les fleurs, en particulier.

Les fleurs de paveur ne manquent pas dans ces rues. Je les foule en pétales de pierre sur le chemin, Daisy, je les foule sans m'en apercevoir, mais lorsque j'arrive à Intendente je les vois proclamées en panneaux majestueux sur la façade des Céramiques Viúva Lamego. Et comme celles-là, on en trouve beaucoup dans les environs, dispersées dans les villas et les hôtels particuliers ; il y a même une boulangerie (boulangerie São Roque, prends note) où elles s'ouvrent en des préciosités de fête. Je cherche celles qui sont en relief, émaillées sur un immeuble de Campo Pequeno et signées Gabriel Constant, et les fleurs Arts déco de la Rua Rosa Damasceno. Par exemple. Et si je les veux Art nouveau je vais dans le célèbre quartier Estrela d'Ouro ; puis, passant par la Rua Filipe da Mata, je termine sur les frises des résidences de la Rua Álvaro de Castro ou du quartier de Lapa où je les retrouve en style néo-manuelin dans l'exubérante fenêtre en céramique colorée de l'hôtel particulier du vicomte de Sacavém, Rua do Sacramento.

Mais outre les fleurs, il y a les oiseaux. Les oiseaux sont un autre thème qui saute de l'azulejo vers l'illustration de trottoir, à commencer par la colombe du XIIe siècle du palais Almada jusqu'à celle des pavés de la Rua Camilo Castelo Branco, et celles aussi que Jorge Barradas a peintes dans un jardin de Restelo, celles encore, très sophistiquées, qui se réfléchissent dans les azulejos de la station de métro Alto de Moinhos. Des paons, on peut les voir aussi bien dans la cour d'Ajuda (conçus par un paveur délirant, on en jurerait) que sur un panneau mural de Júlio Pomar, près du lac de Campo Grande. Il y en a un autre, celui-là aux ailes déployées comme un soleil, qui surmonte une façade de l'Avenida Praia da Vitória, et puis un paon *underground*, paon-fleur ou oiseau-étoile (allez savoir) tout gonflé dans un dessin de trottoir à la station Sete Rios. Seuls sont plus étranges que celui-là (et en plus, hérétiques) les paons que quelqu'un, en des siècles plus anciens, a mélangés à des anges sur un panneau de la chapelle de Santo Amaro. Oiseaux royaux et chérubins. Et me voilà maintenant passé de la nature courante à la représentation sacrée, mais celle-ci a également sa place sur notre sol quotidien, c'est le cas pour saint Jorge terrassant le Dragon sur le pavage du Largo da Graça. Si après celui-ci je t'en montre un autre sur un azulejo de la Rua D. Pedro V, tu diras, Daisy, que Lisbonne est une ville qui se répète. Tu le diras, je n'en doute pas, ton très cher Álvaro de Campos lui-même n'a-t-il pas déclaré, après avoir revisité Lisbonne et le Tage et le reste, que tout cela était monotone ?

Monotone ? Moi, quand mon regard se porte sur un papillon posé sur de petites pierres de couleur,

Rua Lopes de Mendonça, non loin de l'aéroport, je sais qu'à des kilomètres de là, sur les murs de la boulangerie de Campo de Ourique, il y en a un autre modelé dans de la terre vernie par Rafael Bordalo Pinheiro en l'année 1905. Mais les deux images ne se répètent pas du tout, c'est seulement un papillon qui a franchi la distance entre la Vieille et la Nouvelle Lisbonne et qui, au terme de ses quatre-vingt-dix années de trajet, s'est présenté comme s'il était différent sans cesser d'être le même.

De sorte que, Daisy, une ville capable d'une telle variation et de tant d'autres sur chaque thème, loin de se répéter, recrée et acquiert une unité plurielle. Pour moi, la Lisbonne qui se dit de marbre et de granit est plutôt une capitale à trottoirs de dentelle noire qui se réfléchissent dans les azulejos, lesquels l'enrichissent en couleur et en brillance.

(Brillance palpable, en soie, je ne sais si je me fais comprendre. Et sur ce, *farewell, my dove.*)

Les lettres souterraines (Métro de Lisbonne)

Exact. Une ville qui se dédouble en se réfléchissant. Je laisse la géométrie en noir et blanc dont João Abel Manta a recouvert le sol de Restauradores et, descendant dans le métro, je plonge dans une autre géométrie qui court sur toute la longueur des couloirs, mais celle-ci est faite d'azulejos de Maria Keil.

Mon regard me dit que je suis dans un train desservant des stations d'art. À l'arrêt Avenida, géométrie encore, ou, mieux, couleur élue en géométrie, sur un panneau mural de Rogério Ribeiro composé avec la rigueur d'un puzzle impétueux ; tout de suite après, à la Rotunda do Marquês, le long des murs et des escaliers, le chapelet des tragédies et des gloires du reconstructeur de la ville dans une bande dessinée de Menez (l'Histoire racontée sur les murs publics aussi bien qu'au travers des graffiti révolutionnaires) ; et là aussi, insolite au milieu du va-et-vient des passagers, le Grand Seigneur de Pombal lui-même marquant sa présence par une sculpture de Cutileiro en contrepoint à la statue qui est au-dessus, au soleil et aux nuages. Un héros à deux espaces et à deux versions : monumental et retentissant sur la place ouverte ; souterrain ici, diplomate sans visage.

À Sete Rios, au-dessous du jardin zoologique, s'ouvre un zoo presque de fable. Vraiment : on dirait une galerie de croquis exécutés sur le vif par un voyageur attendri (Júlio Resende) dans les jungles de l'innocence, et cela me fait penser à la fête des enfants qui visitent des animaux de légende, plumages, coloris, éblouissements, et qui se déroule au-dessus. J'avance le long des couloirs, j'avance encore un peu, et bientôt je me sens de nouveau dans le noir, dans le néant.

À l'arrêt suivant jaillit une lueur et voilà Sá Nogueira qui joue joyeusement avec des oranges juteuses comme s'il jouait avec des fruits du Paradis.

Plus loin (ou sur une autre ligne, peu importe), je me trouve dans le territoire de Vieira da Silva, c'est indéniable. Je sais qu'au-dessus, à l'entrée, elle a laissé en guise de signature un autoportrait au masque de hibou ; mais, sans quitter le quai, n'importe qui reconnaîtrait dans le panneau mural, devant soi, l'artiste. Sur un autre panneau elle a peint une série de personnages fantasmatiques, survolés par des lettres errantes. Intellectuels persécutés, c'est ainsi qu'elle en a porté témoignage : immobiles, l'œil froid, comme coupés à la verticale par un coup du destin. Et, très discrètement placée, presque oubliée, une vieille machine à écrire avec une main tranchée planant au-dessus des touches.

Ainsi isolé (en aparté, dirait-on), cet objet-relique me dit quelque chose. Sinon, il pourrait être l'ex-libris d'un train souterrain qui, entre une citation de Cesário Verde et un portrait de Camoens, traverse la littérature d'un pays.

Si je ne mourais jamais ! Et éternellement
Je cherchais et atteignais la perfection des choses !

dit à une station quelconque le jeune poète de *Sentiment d'un Occidental*, et bien que cueillis de la sorte ces vers ne soient pas des plus heureux, nous les lisons comme une dédicace à ce voyage par le revers de la ville, les lieux où les gens changent de lumière et se montrent plus solitaires. « Chercher la perfection des choses » est un message pour celui qui part, une confidence sur la passion de créer (et de communiquer) que nous reconnaîtrons (ou pas) dans l'engagement plastique des chapitres que le métro accomplit, ligne à ligne, heure par heure, pour élargir son monde.

Au contraire de Cesário, Camoens m'apparaîtra de nouveau, mais cette fois clair et essentiel, grandeur terre à terre. Ce sera par la main de Júlio Pomar, à la station Alto dos Moinhos, et dans cette rencontre sous terre il me semble entendre, derrière le poète, des échos et des harmonies. Si je les entends, c'est qu'ils proviennent certainement du musée de la Musique qui se trouve à quelques mètres de là, dans ce trajet qui s'identifie avec la ville non seulement par les images culturelles (littérature, signes historiques), mais aussi par l'art des sons. Et les sons, les lettres et les figures sont les voix universelles de notre communication — en l'occurrence, les voix souterraines.

C'est pourquoi, me trouvant face à ce Camoens d'Alto dos Moinhos, je sens qu'il se fond dans la respiration de cette ville d'aujourd'hui et qu'il réapparaît en notes d'aventure et de défi comme celles de la *Musique en eau et marbre* de Jorge Peixinho, ou d'une autre composition de ce genre. Là, Camoens est en compagnie de Bocage, de Pessoa et d'Almada Negreiros, et c'est très bien car c'est à Lisbonne que tous les quatre ont écrit leur vie. D'ailleurs, chacun se présente en un trait tout à fait citadin, ou, pour être plus exact, rejette l'ornement et la banalité avec cette liberté mêlée d'humour qui fait le talent de Pomar.

Almada, je le situe là comme écrivain. Quand j'évoque le révolutionnaire qui est en lui, je mets toujours plus d'émerveillement à le lire qu'à le regarder. Exactement. Aujourd'hui encore, dans ses nouvelles et dans son théâtre il y a des provocations qui me touchent par l'ironie contenue dans sa réfutation du « littéraire », ce courage de rédiger au fil de l'oralité et de la syntaxe quotidienne.

Et tout ça parce qu'il a vécu Lisbonne, là est le secret. En tant que peintre, il l'a limitée à une sorte de scénographie, mais dans sa prose il l'a écoutée de l'intérieur, a saisi le ton de sa voix et en a reproduit la prononciation ; il est donc en bonne compagnie.

Mais ce n'est pas seulement à Alto dos Moinhos qu'Almada peut être évoqué au cours de ce voyage, car, à la station Campo Grande, Bartolomeu dos Santos a laissé gravée à l'eau-forte une bibliothèque de la taille d'un empire où le romancier de *Nom de guerre* s'inscrit dans les neuf siècles de littérature portugaise entourant le célèbre traité *Da fábrica que falece à cidade de Lisboa*, de Messere Francisco da Holanda, notre ambassadeur universel.

Il me vient à l'esprit, devant cette librairie visionnaire, que dehors, à peu de distance, il s'en trouve une autre, la Bibliothèque nationale, et cette continuité de l'extérieur avec l'intérieur et du réel avec le figuratif donne une autre dimension au regard.

Après la géométrie des trottoirs qui se continue en géométrie de mosaïque dans les couloirs du métro, après la version souterraine du marquis de Pombal faisant contrepoint à la statue de la Rotunda, après le zoo municipal suivi du zoo imaginaire de Júlio Resende, après les pavages décoratifs qui, venant des rues, se renouvellent par exemple dans les stations de Sete Rios ou de Campo Grande, la ville se réfléchit, se dédouble. Au fil de mon parcours, les décorations murales et les sculptures me rapprochent de plus en plus de la Lisbonne qui est en surface et de mon identification avec elle.

Si les métropolitains sont des trains aveugles au monde, celui dans lequel je suis à présent semble le contester. Il me transporte dans une solitude fermée, c'est vrai. Mais à chaque arrêt il me rappelle la ville à laquelle j'appartiens et l'art qui l'habite au-delà de ce parcours qui coule dans ses entrailles.

Comme si je naviguais, comme si je naviguais

Fin de voyage au parc Édouard VII. La dernière image qui me reste en mémoire est l'une des mouettes que Pomar a posées à Alto dos Moinhos et c'est certainement elle qui me fait prendre la direction du Tage, le fleuve qu'elles affectionnent.

Dès la sortie de la station je croise une caravelle qui est, toutes voiles dehors, en bleu azulejo, à l'extérieur du pavillon Carlos Lopes. Mais en pierre je vais trouver des nefs à hauts mâts à Chafariz d'El Rei, sur le Terreiro do Trigo ou à la fontaine de São Lázaro, à Campo de Santana, et si je reste attentif au sol que je foule je ne vais pas tarder à découvrir des mers, des mémoires, des navigations.

Parcourir les pavages de Lisbonne, c'est faire une lecture qui a quelque chose à voir avec notre héritage à nous, enfants d'océans. Nefs errantes, légendaires, ou galions de route programmée se croisent sur les trottoirs pavés à la portugaise, on y trouve des dessins de compas et d'ondulations qui marquent la route. À Caldas, dans la cour du palais des comtes de Penafiel, il y a un recoin de mer ancienne en calcaire noir et blanc, à Marquês de Pombal il en est un autre aux courbes douces. Par contre, de la brasserie de Trindade sortent des vagues déferlantes ; à Rossio l'espace autour de la statue a des cadences de houle mais sur la Praça do Império le dessin se creuse parce que, là, le vent court sans abri. Plantée dans le gazon du jardin, se trouve une ancre géante en fer bien taillé (un adieu de navire perdu ?).

Depuis cette place tatouée d'ondulations, je change de cap, je me laisse porter par le courant du Dieu seul le sait. Jusqu'à présent j'ai parcouru des dates de navigateurs notées sur les statues et sur l'allée centrale de l'Avenida da Liberdade, j'ai interrogé des mappemondes étalées sur du marbre en couleurs presque au ras du Tage et des roses des vents minutieusement pavées, j'ai croisé des galions en mosaïque de basalte et en azulejos d'épopée, et, au milieu de tout cela, je lève les yeux et vois en haut d'un bâtiment un panneau électronique débitant de la publicité. La pomme de Macintosh. Le hard-rock leasing. 14 h 05. Crédit Plus/Carte Jeune. Un coloris strident, une trépidation de lumière. En un rien de temps je me retrouve dans le très populaire quartier Estrela d'Ouro, encerclé par des anges et des fleurs en façades Art nouveau.

Je ne m'y attarde pas et continue car, entre autres choses, je garde en mémoire la mouette de Pomar qui est un oiseau de quai et de Lisbonne. J'en connais une autre faite d'éclaboussures de pierre noire, implantée dans le sol de l'Avenida Duque de Loulé, et une autre encore sur un azulejo de la buvette de Cais do Sodré. C'est dans cette direction que je vais. Déchirant le ciel, un Lockeed de la TAP passe en descendant vers l'aéroport, mais je ne m'en rends presque pas compte, avançant à travers Lisbonne sur une mer de pierre, comme si je naviguais. Comme si je naviguais, comme si je naviguais.

Finis Terrae

La dernière vue de la ville sera un rideau de mouettes furibondes se levant entre le Tage et moi.

À ce moment-là je serai, ou je suis encore, assis dans un café-snack de Terreiro do Paço près de l'embarcadère des ferry-boats, une baie vitrée me séparant du fleuve. Café Atinel, quel nom stupide ! Je regarde les tables vides et me demande comment un endroit pareil, aussi privilégié, réussit à rester méconnu. Pour ma part je ne désire rien d'autre : des bateaux qui arrivent, des bateaux qui s'en vont, des gens qui entrent et sortent, se servent au comptoir, et moi assis au-dessus du Tage.

Placé comme je le suis, j'ai la ville dans le dos. Commerce, foule, Europe, tout est derrière moi. Là-bas, les gens se demandent l'heure mutuellement, tandis que dans ce réduit oublié on suit l'avancement de la journée au changement de couleur du Tage, et ne me dites pas que ce n'est pas un bonheur que d'être ainsi, attablé au-dessus des eaux, avec des mouettes qui vous sortent de dessous les pieds, passant à deux empans de vos yeux en un ballet tapageur.

Heureux temps que celui de cette solitude. Temps meilleur encore, rappellent les érudits de bibliothèque dans un ulyssiponais[1] à vous rendre jaloux, que celui où l'on voyait à l'œil nu le Promontoire de la Lune tout au long de cette côte. Temps, disent-ils, où il y avait sur l'autre rive des sables qui suintaient d'or (Marco Terêncio en parle) et des pâturages célestes où les juments étaient engrossées par le vent. Temps de poussières lumineuses et de larmes lunaires. Et de perles. Et de tritons. Tritons chanteurs

---

1. Langue portugaise des premiers temps. Terme créé par l'auteur à partir du nom latin de Lisbonne, Olissipona, dérivé de Ulysse, le fondateur de la ville.

comme celui qui figure dans la *Description* de Damião de Góis.

« En d'autres temps, bien éloignés, il y avait à Lisbonne une sirène... » Je connais des vers de Robert Desnos qui commencent ainsi, mais il vaut mieux en rester là car le Tage n'est ni fable ni poème et coule sans nostalgies. Et il en est de même pour Lisbonne, nous pouvons en être certains. Sauf que, avec le savoir acquis au cours des siècles et les signes de tant de gens qui la façonnent, elle suggère plusieurs lectures — d'où le fait que chaque visiteur a sa Lisbonne, comme on l'entend si souvent dire.

D'où le fait aussi que nous, qui lui appartenons, soyons si changeants dans la passion. Il peut arriver qu'un jour, assis comme maintenant au-dessus du fleuve, nous essayions de la lire par la voix des autres, et alors nous nous sentirons encore plus changeants, plus incertains. Entre une Lisbonne de Tirso de Molina, saluée comme la « huitième merveille », et la Lisbonne que Fielding, le génial, a maudite comme un cauchemar lépreux, coulent des eaux insondables. Beckford l'a vécue dans un palais, Sade l'a inventée dans une prison de rancune. « Lisbonne offre une appréciable variété de choix pour un noble suicide », a écrit un de ses grands narrateurs, Antonio Tabucchi. Des voix, tant de voix. Des regards. Des ressouvenances.

Quand finalement nous refermons la page où nous lisions la ville, nous découvrons que la vitre du café est voilée par une danse de mouettes en tourbillon et qu'il n'y a pas de Tage. Qu'il a disparu derrière un désordre d'ailes et n'annonce plus l'océan.

Alors, tendrement, confiants, nous nous sentons encore plus ancrés à la ville qui nous a vus partir.

INDICATIONS BIOGRAPHIQUES

ALMADA NEGREIROS, José de (1893-1970). Écrivain et peintre dont l'œuvre présente de multiples facettes. Auteur d'un célèbre manifeste futuriste, *Le manifeste anti-Dantas*, de 1916. Parmi ses différentes œuvres en prose, le roman *Nome de guerra* (*Nom de guerre*, La Différence, 1988), dont il est question dans le texte, a été publié en 1938 et a fait l'objet de nombreuses éditions. À citer également *A engomadeira* (*La repasseuse*, La Différence, 1988).

ALMEIDA, José Valentim Fialho de (1857-1911). Originaire de l'Alentejo, l'un des plus grands prosateurs portugais de la fin du siècle dernier et du début du nôtre. Critique d'art, écrivain, a laissé des pages où l'ironie le dispute à la sagacité (*Os gatos* [Les chats], 1894).

ÁLVARES, Afonso. Écrivain du XVIe siècle, de l'école de Gil Vicente. Exploitant le filon de la vie des saints, il y a glané les motifs de la légende glorieuse (*Santa Bárbara, Santo António, São Vicente*).

BARRADAS, Jorge (1894-1944). Caricaturiste et illustrateur, connu surtout pour son talent de céramiste.

BECKFORD, William (1760 ?-1844). Écrivain anglais, préromantique, dont le roman le plus connu est *Vathek* (1786). A longtemps vécu au Portugal, où il a été l'hôte de l'aristocratie du pays. Il a laissé de son séjour un journal détaillé qui constitue une précieuse peinture du Portugal du XVIIIe siècle.

BOCAGE, Manuel Maria Barbosa du (1765-1805). Considéré comme le plus grand poète portugais du XVIIIe siècle. Sa poésie, fortement préromantique, se caractérise par des thèmes et des accents nouveaux pour son époque. Son irrévérence marquée à l'égard de la monarchie et le ton notoirement anticlérical de certains de ses vers lui ont valu d'être emprisonné en 1797.

BORDALO PINHEIRO, Rafael (1846-1905). Caricaturiste d'une fantaisie inexorable. A laissé des pages riches d'humour et de finesse. Parmi ses personnages caricaturaux figure *Zé Povinho*, dont le nom est constitué de la forme abrégée de *José* et du diminutif *povinho* (petit peuple). Franc et espiègle, *Zé Povinho* incarne avec emphase la classe populaire dans ses démêlés avec les difficultés de la vie quotidienne.

BOTELHO, Carlos (1899-1982). Peintre, décorateur et fin caricaturiste. Créateur du personnage *Escarra-e-cospe* (Graillonne-et-Crache) dont il est question dans le texte.

BRAGA, Teófilo (1843-1924). L'un des premiers présidents de la République portugaise (1915). Historien de type positiviste, a participé à la « Question de Coimbra », polémique antitraditionaliste et antiromantique qui, en 1865, a réuni quelques-uns des noms les plus importants de la littérature nationale. Auteur d'une monumentale *Histoire de la littérature portugaise*, il est également l'auteur d'essais de politique, d'histoire et de philologie.

BRANDÃO, Raúl (1867-1930). Auteur d'une œuvre narrative influencée par le symbolisme des prosateurs russes. Il exprime sa propre douleur et sa désolation devant le spectacle tragique de la misère dans des romans comme *Os pobres* (1906) [Les pauvres] et *Húmus* (1917) [Humus], et dans des drames comme *O maior castigo* (1923) [Le plus grand châtiment]. Est également auteur de récits de voyage.

CAMOENS, Luís Vaz de (1524 ?-1580). Considéré comme le poète national. Auteur de *Os Lusiadas* (*Les Lusiades*, éd. Belles Lettres, 1981), poème épique qui est, dans l'absolu, le chef-d'œuvre de la poésie portugaise. Structuré en dix chants et composé en octosyllabes, le poème célèbre l'épopée maritime du peuple lusitanien à travers le voyage de Vasco de Gama qui, en 1498, a découvert la route des Indes.

CASTELO BRANCO, Camilo (1825-1890). Considéré comme une des plus grandes figures du romantisme portugais pour l'abondance de son œuvre. Parmi ses romans les plus célèbres, retenons : *Amor de Perdição* (1863) [*Amour de perdition*, Actes-Sud, 1984], *A queda de um anjo* (1866) [La chute d'un ange], *Eusébio Macário* (1879), etc. Lui-même a vécu une relation très passionnelle qui a fait grand tapage dans le Portugal de l'époque et lui a valu d'être emprisonné pour adultère. Il a été libéré au terme d'un procès mémorable.

CESARINY, Mário. Poète et peintre contemporain, fondateur du mouvement surréaliste portugais (1947). *Reabilitação do real quotidiano* (1952) [Réhabilitation du réel quotidien], *Louvor e simplificação de Álvaro de Campos* (1953) [Éloge et simplification d'Álvaro de Campos], *As mãos na água* (1972) [Les mains dans l'eau], *A cabeça no ar* (1972) [La tête en l'air] sont quelques-uns des titres de sa vaste production.

CHIADO, António Ribeiro (?-1591). Poète de l'école de Gil Vicente. Moine déchu, il mène à Lisbonne une vie de ménestrel et de bon vivant. Auteur de textes burlesques pour le théâtre, il a été un fin interprète de la vie populaire.

COLUMBANO (1857-1929). Peintre d'un rare talent, frère de Rafael Bordalo Pinheiro. Est surtout apprécié comme portraitiste.

CONSTANT, Gabriel (1876-1950). Peintre portugais connu pour ses aquarelles bucoliques et ses marines poétiques.

CORREIA, Natália (1923-1993). Originaire de l'île de Madère. Prend part activement à la vie culturelle des dernières décennies. Proche du groupe surréaliste de Mário Cesariny, elle est l'auteur d'une poésie où lyrisme et mythologie insulaire s'unissent en un ton irrévérencieux et libertaire ; citons : *Cântico do país emerso* (1961) [Cantique du pays émergé], *O dilúvio e a pomba* (1979) [Le déluge et la colombe] et *Sonetos românticos* (1990) [Sonnets romantiques].

CUTILEIRO, João. Sculpteur contemporain, référence obligée de l'art moderne portugais.

DELGADO Humberto (1916-1965), le « général sans peur ». Candidat aux élections présidentielles de 1958, soutenu par l'opposition à la dictature de Salazar. Bien que battu (sur des résultats truqués), il se proclame président légitime des Portugais. Immédiatement destitué et exilé, il attache son nom au célèbre épisode du détournement du paquebot *Santa Maria* (1961), organisé par quelques militaires antisalazaristes. Il est assassiné par la police politique portugaise dans des circonstances non encore élucidées.

FERLINGHETTI, Lawrence, (1919-1996). Écrivain américain. L'un des principaux éléments de la *beat generation*. Parmi ses textes les plus marquants : *A Coney Island of the mind* (1958), et *Where is the Vietnam ?* (1965).

FONTANA, José (1841-1876). Précurseur du mouvement ouvrier portugais. A participé à la fondation du Parti socialiste portugais et a été l'un des inspirateurs de la Fraternidade operária (Fraternité ouvrière).

GARRETT, João Baptista de Almeida (1799-1854). Poète lyrique, dramaturge et romancier. Son poème *Camões* (1823) est considéré comme le manifeste du romantisme portugais. À retenir parmi ses œuvres : *Um auto de Gil Vicente* (1838) [Une pièce de Gil Vicente], *Frei Luís de Sousa* (1843) [Frère Luís de Sousa] — cette dernière étant considérée comme l'œuvre maîtresse du théâtre moderne portugais — et *Viagens na minha terra* (1846) [Voyages dans mon pays].

GÓIS, Damião de (1502-1574). Figure marquante de la Renaissance portugaise. Ambassadeur. A effectué de nombreux voyages à travers l'Europe, fréquentant les personnalités les plus illustres de l'époque. C'est en tant que chroniqueur du règne qu'il a écrit la *Crónica d'El-Rei D. Manuel* (1566) et la *Crónica do Príncipe D. João* (1567).

HELDER, Herberto (1930). Une des voix les plus authentiques de la poésie expérimentale portugaise. À citer parmi ses nombreuses œuvres en vers et en prose : *O amor em visita* (1958) [*L'amour en visite*, éd. Babel, 1991], *A colher na boca* (1961) [*La cuillère dans la bouche*, éd. La Différence, 1991], *A cabeça entre as mãos* (1982) [La tête entre les mains] et *Os passos em volta* (1963) [*Les pas en rond*, éd. Arléa, 1991].

HERCULANO, Alexandre (1810-1877). Historien et homme de lettres, théoricien du romantisme portugais et historien du Tiers-État. Publiée en quatre volumes, entre 1846 et 1853, son *História de Portugal* (Histoire du Portugal) analyse la société et ses institutions. Ses romans, à la Walter Scott, se déroulent dans un milieu médiéval, héroïque et dramatique : *O monge de Cister* (1841) [Le moine cistercien], *O Bobo* (1843) [Le bouffon], *Eurico o presbítero* (1848) [Eurico du presbytère].

HOLANDA, Francisco de. Peintre portugais du XVIe siècle, ami de Michel-Ange, partisan d'un art inspiré des modèles classiques. *Da pintura antiga* (1548) [*De la peinture ancienne*, 1845], issu de ses conversations avec Michel-Ange, est un des plus importants traités humanistes portugais. *Da fábrica que falece à cidade de Lisboa* (1571)

[Du travail qui fait défaut à la ville de Lisbonne] est un traité précurseur de l'esthétique moderne de l'urbanisme.

KEIL, Maria. Peintre portugais contemporain. A reçu en 1941 le prix Amadeu de Sousa Cardoso.

LEAL, Raul (1886-1964). Poète provocateur s'exprimant surtout en français sous le nom cabalistique d'Henoch. *Messe noire, Le prophète sacré de la Mort-Dieu, Le royaume de la mort* sont quelques-uns des titres de son œuvre poétique où le ton blasphématoire alterne souvent avec une spéculation d'ordre théologique. Ami de Pessoa, celui-ci a pris sa défense dans une polémique suscitée par l'un de ses écrits.

LOBO ANTUNES, António (1942). Romancier portugais contemporain. Médecin officier entre 1971 et 1973 en Angola, durant la guerre coloniale. Publie son premier roman, *Memória de elefante* (1979) [Mémoire d'éléphant], suivi de *Conhecimento do inferno* (1980) [Connaissance de l'enfer] et de *Explicação dos pássaros* (1981) [*Explication des oiseaux*, éd. Bourgois, 1991], ces trois romans formant une trilogie. *Os cus de Judas* (*Le cul de Judas*, éd. Métaillé, 1983) est le monologue-confession désespéré d'un *retornado* — colon de retour au Portugal —, qui lui vaut la reconnaissance d'une critique internationale. Vient de paraître une nouvelle trilogie constituée par : *A morte de Carlos Gardel* (1994) [*La mort de Carlos Gardel*, éd. Bourgois, 1995], *Tratado das Paixões da Alma* (1990) [*Traité des passions de l'âme*, éd. Bourgois, 1993] et *A ordem natural das coisas* (1991) [*L'ordre naturel des choses*, éd. Bourgois, 1994].

MACHADO, Dinis (1930). Journaliste sportif et critique cinématographique, auteur de quelques romans policiers à grand succès. *O que diz Molero* (1977) [Ce que dit Molero] lui donne l'occasion d'explorer, à travers une fausse enquête, les mythes qui ont peuplé l'imaginaire des adolescents de sa génération.

MANTA, João Abel. Graveur et dessinateur contemporain. Surtout connu pour ses dessins satiriques sur la vie culturelle et politique de son pays. Il a illustré la « fable » *Dinossauro Excelentíssimo* (1972), de Cardoso Pires, portrait féroce et satyrique de Salazar, qui a été censuré à l'époque.

MARCENEIRO, Alfredo. Il est, avec Amália Rodrigues et Carlos do Carmo, l'un des célèbres interprètes du fado de Lisbonne qu'Amália Rodrigues, en particulier, a contribué à faire connaître à travers le monde.

MARQUES, Bernardo (1899-1962). Peintre du second modernisme portugais dont la carrière artistique s'est développée à travers les techniques les plus variées. Paysagiste de talent et illustrateur de revues et de journaux.

MARTINS, Joaquim Pedro de Oliveira (1845-1894). Interprète lucide et attentif de la révolution libérale portugaise. A publié *Teoria do Socialismo* (1873) [Théorie du socialisme] et *História de Portugal* (1879) [*Histoire du Portugal*, éd. La Différence, 1994].

McCARTHY, Mary (1912-1989). Américaine, écrivain et journaliste. Proche de la gauche new-yorkaise. A collaboré à *The Nation, New Republic* et *Partisan Review*. Romancière, s'est située à la frontière de l'étude de mœurs et de la satire : *The groves of Academe* (1952) et *A charmed life* (1955). Essayiste, elle s'est tournée vers la politique (*Vietnam*, 1967 ; *Hanoi*, 1968) ainsi que vers la littérature (*The writing on the wall and other literary essays*, 1973).

MEIRELES, Cecília (1901-1964). Brésilienne, considérée comme l'un des plus grands poètes féminins de langue portugaise. A adhéré au mouvement moderniste brésilien, puis s'en est détachée pour suivre un parcours personnel. Parmi ses nombreuses productions, citons : *Mar absoluto* (1945), [Mer absolue], *Poemas escritos na Índia* (1961) [Poèmes écrits en Inde] et *Solombra* (1964).

MENEZ. Peintre portugais contemporain, tête de file de la peinture abstraite, elle est très appréciée par la critique spécialisée.

MOLINA, Tirso de (1584 ?-1648). Dramaturge espagnol, écrivain prolifique. Parmi ses œuvres les plus connues : *Deleitar aprovechando* (1635) [L'utile et l'agréable] et *El burlador de Sevilla y convidado de piedra* (1630) [Le Trompeur de Séville et le Convié de pierre, 1630], qui a inauguré la tradition européenne de Don Juan.

MONTEIRO, Adolfo Casais (1908-1972). Poète et essayiste. A participé au mouvement moderniste portugais. En 1935 Fernando Pessoa lui adresse une lettre restée célèbre, dans laquelle il s'explique sur l'origine de ses divers pseudonymes. Parmi ses productions : *Noite aberta aos quatro ventos* (1943) [Nuit ouverte aux quatre vents], *Europa* (1946) et *A palavra essencial* (1965) [La parole essentielle].

OLIVEIRA, Carlos de (1921-1980). Poète et romancier. Après son passage dans le groupe Novo Cancioneiro, à tendance néoréaliste, a abordé le roman. *Pequenos burgueses* (1948) [*Petits-bourgeois*, éd. Corti, 1991] et *Uma abelha na chuva* (1953) [*Une abeille dans la pluie*, éd. Corti, 1989], sont des œuvres dans lesquelles il traite avec beaucoup de lyrisme la réalité sociale de la bourgeoisie portugaise qui vit loin des centres citadins. De sa vaste production poétique retenons : *Terra de harmonia* (1950) [Terre d'harmonie], *Micropaisagem* (1969) [Micropaysage] et *Entre duas memórias* (1971) [Entre deux mémoires].

O'NEILL, Alexandre (1924-1986). Poète. A participé, en 1947, à la fondation du groupe surréaliste de Lisbonne. Dans sa poésie, férocement satirique mais tempérée par un lyrisme poétique, il chante le quotidien poignant et la mesquinerie de la vie. Citons parmi ses nombreux recueils : *No reino da Dinamarca* (1958) [Au Royaume du Danemark] et *Entre a cortina e a vidraça* (1973) [Entre le rideau et la vitre].

ORTIGÃO, José Duarte Ramalho (1836-1915). Appartient à ce que l'on a appelé la « Génération de 70 » (qui a introduit dans les lettres portugaises l'esthétique du réalisme). Est l'auteur de *Farpas* (Banderilles), satire publiée chaque mois dans la presse d'influence proudhonienne. Avec Eça de Queirós il écrit « à quatre mains » le roman policier *O mistério da estrada de Sintra* (1871) [Le mystère de la route de Sintra].

PACHECO, Fernando Assis (1937-1995). Journaliste, romancier et poète (*Câu Kiên : Um resumo* [Câu Kiên : un résumé], un des témoignages les plus réalistes sur la guerre coloniale conduite par le Portugal en Angola et au Mozambique de 1961 à 1974), il écrit dans un langage dérivé du néoréalisme, recourant à des procédés d'avant-garde.

PASCOAIS, Teixeira de (1879-1952). Poète, inspirateur du *saudosismo*, mouvement esthétique et doctrinal fondé sur le concept de *saudade* qui caractérise l'« âme nationale portugaise ». De son œuvre très vaste retenons : *Regresso ao paraíso* (1913) [Retour au paradis], *Elegia do amor* (1924) [Élégie de l'amour] et *S. Paulo* (1934).

PEIXINHO, Jorge (1940-1995). L'un des plus grands compositeurs portugais contemporains.

PESSOA, Fernando (1888-1935). Le plus grand poète portugais du XXe siècle. Est l'auteur d'une vaste production littéraire qui n'a encore pas complètement vu le jour et qui lui a valu, bien que tardivement, d'être reconnu universellement. À travers la pratique de la dissociation de la personnalité poussée à l'extrême, Pessoa a signé son œuvre sous divers pseudonymes, chacun étant porteur d'une identité et d'un style propres : Alberto Caeiro, Álvaro de Campos, Ricardo Reis, Bernardo Soares, pour ne citer que les plus grands. Parmi les principales traductions en français retenons : *O livro da intranquilidade* (*Le livre de l'intranquillité*, in *Œuvres* sous la direction de R. Brechon, éd. Bourgois, 1988) et *Poesia de Álvaro de Campos* (*Poésie d'Álvaro de Campos*, in *Œuvres complètes*, éd. José Blanc, publiées du vivant de l'auteur).

POMAR, Júlio (1926). Peintre, sculpteur et graveur. Personnalité des plus intéressantes et éclectiques de l'art contemporain portugais. Depuis 1963 il vit et travaille à Paris.

POMBAL, marquis de (1699-1782). Ministre de D. José I. A gouverné le Portugal avec beaucoup de ruse et une poigne de fer. Son nom reste lié à la reconstruction de Lisbonne après le tremblement de terre de 1755, ainsi qu'à l'expulsion des jésuites du pays et à la réforme de l'Université de Coimbra.

QUEIRÓS, Eça de (1845-1900). Figure capitale du roman du XIXe siècle. A observé la société portugaise de son temps avec une rigueur réaliste. Ses personnages, paradigmatiques, donnent une vision exhaustive de la vie de l'époque. Parmi ses romans les plus connus : *O crime do Padre Amaro* (1875) [*Le crime du Padre Amaro*, La Différence, 1985], *O primo Basílio* (1878) [*Le cousin Bazilio*, éd. La Différence, 1989] et *Os Maias* (1888) [*Les Maia, une famille portugaise*, éd. Chandeigne, 1996].

QUENTAL, Antero de (1842-1891). Poète né aux Açores. Attiré par l'idéologie socialiste, se consacre à l'étude de la question ouvrière, établissant des rapports avec les organisations nationales et internationales représentatives du monde ouvrier. Dans un « cénacle » organisé par ses soins à Coimbra sont discutées les œuvres de Proudhon, de Comte et de Darwin ; à Lisbonne il est l'organisateur des « Conférences démocratiques » qui se proposent de moderniser la société ainsi que la littérature nationale. Poète tourmenté, intéressé par la métaphysique, il imprègne ses *Odes Modernas* (1865) [Odes modernes] et ses *Sonetos* (1885) [Sonnets] de sa conviction utopique de la fraternité, de sa méditation sur l'univers et d'un profond pessimisme personnel. Il se suicide dans son île natale.

RESENDE, Júlio. Peintre portugais contemporain. Vit et travaille à Lisbonne.

RIBEIRO, Aquilino (1885-1963). Romancier et conteur. Prend part à la fondation de *Seara Nova* (1921), revue à laquelle collaborent la plupart des intellectuels républicains de l'époque. Doté d'une grande capacité expressive, il reprend et renouvelle le filon régional et picaresque. La richesse lexicale ainsi que le recours constant à la création linguistique sont des éléments particuliers de son œuvre. Parmi ses romans, à retenir : *S. Banaboião* (1937), *Volfrâmio* (1943), *A casa grande de Romarigães* (1957) [*Le domaine — chronique romanesque*, éd. Sylvie Messinger, 1989] et *Quando os lobos uivam* (1958) [Quand hurlent les loups].

SANTOS, Bartolomeu dos. Graveur et dessinateur. Enseigne au King's College de Londres et partage sa vie entre Londres et Sintra.

SANTOS, Nuno Brederode. Avocat et journaliste. Vif et attentif, collabore en tant que chroniqueur à l'hebdomadaire *Expresso*.

SENA, Jorge de (1919-1978). Écrivain et intellectuel aux nombreuses facettes — poète, prosateur, critique et dramaturge. L'une des voix les plus complexes de la littérature portugaise contemporaine. À citer parmi ses productions les plus significatives : *Arte de Música* (1968) [Art de musique], *Peregrinatio ad loca infecta* (1969) [*Peregrinato ad loca infecta : anthologie*, éd. Escampette, 1993], *Exorcismos* (1972) et *O físico prodigioso* (1977) [*Le physicien prodigieux*, éd. Métaillé, 1985].

SÉRGIO, António (1883-1969). Essayiste et politicien. Considéré comme l'un des intellectuels les plus marquants du Portugal contemporain. Fondateur de la revue *Pela Grei* (1918), fait partie du groupe de *Seara Nova*, le marquant d'une très grande influence. Auteur de nombreux essais historiques, politiques et pédagogiques, il est ministre de l'Éducation nationale avant l'arrivée de Salazar.

SILVA, Maria Helena Vieira da (1898-1985). Peintre portugais contemporaine, une des plus grandes représentantes de l'art abstrait européen. Quitte Lisbonne en 1928 pour s'installer à Paris où elle obtient la nationalité française. Durant l'occupation allemande, refusant de rentrer au Portugal et donc de se soumettre à la dictature de Salazar, elle part au Brésil avec son mari, le peintre hongrois Arpad Szene. À sa mort, une partie de ses propres tableaux sont légués à la ville de Lisbonne et sont maintenant visibles au musée Vieira da Silva que la capitale lui a dédié.

SIMÕES, João Gaspar (1903-1987). Écrivain et critique littéraire. A fondé en 1927 la revue *Presença*. Ami personnel de Fernando

Pessoa, il est son premier biographe (*Vida e obra de F. Pessoa. História de uma geração*, 1951, plusieurs fois réédité).

STUART DE CARVALHAIS (1887-1961). Dessinateur et caricaturiste. Un des personnages marquants du panorama artistique portugais du début du siècle. La misère et la marginalisation, surtout celles des villes, sont des thèmes récurrents de son inspiration.

TÁMEN, Pedro. Poète portugais contemporain. Parmi ses œuvres les plus significatives, citons : *O sangue, a água e o vinho* (1958) [Le sang, l'eau et le vin], *Os quarenta sonetos* (1973) [Les quarante sonnets] et *Delfos, Opus 12* (1987).

VERDE, Cesário (1855-1886). Poète véritablement « réaliste » du Portugal du XIXe siècle. Décrit la réalité quotidienne de Lisbonne avec tendresse et ironie. Auteur de *Sentimento de um ocidental* (1880) [Sentiment d'un occidental], dont l'*incipit* apparaît dans le texte de Cardoso Pires. Cesário Verde a totalement rénové le style de la poésie portugaise de son époque.

VICENTE (são) Martyr espagnol du IVe siècle, dont les restes ont abouti définitivement à la cathédrale de Lisbonne depuis la Reconquête sur les Maures, en 1147, conduite par D. Afonso Henriques. La légende raconte que la dépouille du saint, escortée par deux corbeaux, est arrivée à Lisbonne sur un bateau dont les voiles étaient carguées. Ce bateau, avec un corbeau à la proue et un autre à la poupe, figure aujourd'hui sur les armes de la capitale portugaise.

INDICATIONS TOPOGRAPHIQUES

Águas Livres (aqueduc des Eaux libres) : ouvrage de la fin du XVIe siècle, aujourd'hui monument national. Le marquis de Pombal le fait reconstruire après le tremblement de terre de 1755 pour acheminer l'eau de la Serra de Sintra vers la ville.

Alcântara : voir *Cais do Sodré*.

Alecrim (Rua do) : voir *Santa Catarina*.

Ajuda : zone épargnée par le séisme de 1755, vers laquelle le roi D. José I, craignant un nouveau tremblement de terre, fait transférer la cour. Un palais du même nom est alors construit, que l'on peut admirer. La Tapada da Ajuda, dont il est question dans le texte, est un magnifique parc situé dans cette partie de la ville et conçu par le marquis de Pombal dans le but de lui permettre de chasser sans trop s'éloigner de Lisbonne. À l'intérieur du parc se trouve le « délirant pavillon en verre » cité dans le texte, construit en 1844 pour l'Exposition et restauré à l'occasion du centenaire de sa construction.

Alfama : presque entièrement épargné par le tremblement de terre, c'est le quartier le plus ancien de la ville. Des maisons vétustes et pittoresques se succèdent dans un labyrinthe de ruelles qui dévalent vers le fleuve. C'est là, à Terreiro do Trigo, que l'on trouve le Chafariz d'El-Rei (fontaine du Roi) cité dans le texte. C'est la fontaine la plus ancienne de Lisbonne qui, au XVIe siècle, fournissait l'eau aux navires qui se préparaient à appareiller.

Alvalade : c'est le cœur de la nouvelle Lisbonne, quartier projeté par Faria da Costa, le premier architecte urbaniste portugais de la fin des années trente.

Amoreiras (Jardim das — jardin des Mûriers) : square tranquille et pittoresque du centre, entouré de mûriers. Sa création remonte au XVIIe siècle.

Arroios : quartier situé dans le vieux périmètre de la ville vers la moitié du XVIIIe siècle. A subi au cours des ans de profondes transformations du fait de l'apparition constante de nouvelles constructions. Sur la colline de São João, Arroios a son centre dans le Largo Martim Moniz (place Martim Moniz), cité dans le texte, énorme espace qui constitue une réelle fracture entre l'élégante Baixa Pombalina (partie basse de la ville créée par le marquis de Pombal) et la périphérie nord-est.

Bairro Alto : quartier populaire et quelque peu marginal, peu éloigné de la partie basse de la ville (Baixa). Aujourd'hui essentiellement fréquenté par des jeunes et des touristes attirés par les bars, les restaurants et les lieux de divertissements nocturnes.

Baixa : comprise entre la Praça do Comércio et la Praça do Rossio, c'est un damier de rues aux noms évoquant les commerces qui y étaient établis longtemps auparavant. C'est dans l'une de ces rues, la Rua de Santa Justa, que se trouve l'ascenseur du même nom : tour métallique, de style Liberty, œuvre de l'architecte Eiffel, qui relie la zone de Baixa au quartier Carmo situé plus haut.

Benfica : au siècle dernier, calme banlieue de Lisbonne ; aujourd'hui, quartier vivant et laborieux qui, à partir des années 50, a fait l'objet d'un vaste plan d'urbanisation. Un peu à l'ouest se trouve Sete Rios, où se situe le jardin zoologique, un des plus grands d'Europe.

Berta (villa) : voir *Graça*.

Bica : un enchaînement de quelques rues constitue ce très populaire et pittoresque quartier en aval du *Bairro Alto* ; il est traversé par un funiculaire qui prend le nom du quartier et qui relie la Rua do Loreto à la Rua de São Paulo.

Cais do Sodré : anciennement Cais dos Remolares (quai des fabricants de rames). C'est le terminal des *cacilheiros* (ferrys) qui relient la ville à l'autre rive du fleuve. Non loin de là se trouvent Santos et Alcântara, des quartiers qui gravitent autour de la vie du port et qui, du temps des découvertes maritimes, étaient devenus des lieux de villégiature pour la noblesse lisboète.

Campo de Ourique : quartier populaire et petit-bourgeois au passé riche d'histoire. C'est en effet là que débute le mouvement révolutionnaire qui, en 1910, aboutit à l'instauration de la République au Portugal.

Campo de Santana : zone urbaine relativement récente surplombant la très centrale Baixa et également appelée « Martyrs de la patrie » pour avoir été, en 1817, le lieu d'exécution de patriotes opposés au gouvernement du général Beresford. Celui-ci, venu au Portugal pour réorganiser les forces armées affaiblies après l'invasion napoléonienne, avait abusé du pouvoir qui lui avait été accordé, instaurant une sorte de régime dictatorial.

Campo Grande : vaste espace vert situé à l'ouest d'Alvalade, avec des constructions modernes. Depuis 1969, la Bibliothèque nationale y a installé son siège.

Campo Pequeno : un des points névralgiques de la ville, à peu de distance du centre. On y trouve les arènes, construites en 1882, où ont lieu les *touradas* (corridas à la portugaise).

Carnide : aujourd'hui l'un des quartiers les plus peuplés de la ville, il était à la fin du siècle une zone de campagne, un lieu de villégiature pour la bourgeoisie lisboète.

Chafariz d'El-Rei : voir *Alfama*.

Chiado : au-dessus de Baixa, collé au Bairro Alto, c'est le centre commercial de Lisbonne. Zone historique et culturelle, il a été le cœur battant de la capitale : un cœur qui ne s'est pas arrêté de battre le 24 août 1988, date à laquelle un terrible incendie a complètement détruit d'élégants bâtiments de style néoclassique qui abritaient une activité commerciale de tradition centenaire. Sur la Rua Garrett, la côte raide qui relie Baixa à Chiado, se trouve le célèbre café A Brasileira, lieu de rencontre des intellectuels et des artistes. Pessoa lui-même en était un client assidu et c'est pourquoi — pour célébrer le centenaire de sa naissance (1888) — une statue, œuvre du sculpteur Lagoa Henriques, le représentant assis à une table, a été érigée devant le café.

Découvertes maritimes (monument des) : situé Praça do Império, c'est le monument qui célèbre les grandes découvertes portugaises. Érigé en 1940, en tant que scénographie, à l'occasion de l'« Exposition du monde portugais » voulue par Salazar, il a été par la suite reconstruit en dur.

Estefânia : quartier résidentiel qui a été baptisé du nom de la reine, épouse de D. Pedro V, laquelle, au siècle dernier, a voulu doter la ville d'un hôpital pédiatrique moderne.

Estrela : avec son très beau jardin — créé au milieu du XIXe siècle afin de remplacer dignement le Passeio Público (Promenade publique) ouvert en contrebas pour faire place à l'Avenida da Liberdade —, c'est une petite oasis de verdure en pleine ville. On y trouve le cimetière des Anglais — le plus ancien de Lisbonne —, où est enterré l'écrivain Henry Fielding.

Estrela d'Ouro : voir *Graça.*

Garrett (Rua) : voir *Chiado.*

Graça : quartier assez populaire situé en haut de la colline de São Jorge. Près de là se trouvent la villa Berta et le quartier d'Estrela d'Ouro, créés au début du siècle. De style colonial, avec ses balcons de fer forgé, ses jardins et ses courettes « à la brésilienne », la villa Berta ressemble à un petit coin du Brésil. Derrière Graça se trouve la colline de *Penha de França* avec le belvédère du même nom, d'où on peut apercevoir la Serra de Sintra.

Junqueira : voir *Santo Amaro.*

Lapa : de caractère populaire, mais devenu aujourd'hui un quartier résidentiel de la bourgeoisie citadine, Lapa se dresse, tout comme *Madragoa*, sur les ruines de Mocambo, ancien quartier en dehors des murailles.

Largo Martim Moniz : voir *Arroios.*

Liberdade (Avenida da) : voir *Rossio.*

Loreto (Rua do) : voir *Bica.*

Madragoa : voir *Lapa.*

Mouraria : le nom de ce quartier provient du mot *mouro* (Maure) et trouve son origine dans le fait que D. Afonso Henriques l'a cédé aux Maures après leur avoir repris la ville en 1147. Semblable à Alfama dans sa structure, la Mouraria est un enchevêtrement compact et suggestif de ruelles qui grimpent en direction du château de São Jorge, le bastion de Lisbonne, le point le plus élevé de la ville.

Ouro (Rua do) : voir *Rossio.*

Passeio Público : voir *Estrela.*

Penha de França : voir *Graça.*

Príncipe Real (Praça do) : voir *São Pedro de Alcântara.*

Restauradores (Praça dos) : voir *Rossio.*

Restelo : aujourd'hui quartier bourgeois sur les rives du Tage, il était au XVIe siècle le point de départ des navires vers les terres inconnues.

Rossio : complètement détruite par le tremblement de terre, la Praça do Rossio, carrefour obligé de la ville, a été conçue lors de sa reconstruction dans une perspective géométrique ; elle est reliée au Tage par deux rues parallèles : la Rua do Ouro (rue de l'Or) et la Rua Augusta. Au fond, le Théâtre national, anciennement Palais de l'Inquisition, et, sur les côtés, des commerces et des cafés qui, outre le fait d'avoir participé à l'histoire de Rossio, ont notoirement contribué à l'histoire culturelle et politique du pays. Au centre, la statue de D. Pedro IV du Portugal, dit le « Libérateur », qui a proclamé l'indépendance du Brésil. Derrière la place s'en ouvre tout de suite une autre, bordée de palais élégants, la Praça dos Restauradores. Jusqu'à la fin du siècle dernier partait de là le fameux Passeio Público (promenade publique), jardin précieux que fréquentait la haute société lisboète. Il a été rasé pour faire place à l'Avenida da Liberdade, large voie enrichie par des constructions du début du siècle et qui conduit à la Rotunda (Rotonde), la place dominée par l'« illustre et colossal » marquis de Pombal.

Rotunda do Marquês (rotonde du Marquis) : voir *Rossio*.

Santa Catarina (belvédère de) : on peut facilement l'atteindre depuis la Rua do Alecrim (rue du Romarin), la voie qui relie Chiado à Cais do Sodré. C'est le balcon fleuri où autrefois était plantée une croix de bois qui indiquait aux navigateurs le chemin menant au port.

Santo Amaro : quartier bourgeois créé à la fin du XIXe siècle autour de la chapelle de la Renaissance dédiée au saint du même nom. À quelques pas de Santo Amaro, la zone de Junqueira avec ses palais du XVIIIe siècle le long du Tage.

Santos : voir *Cais do Sodré*.

São João (colline) : voir *Arroios*.

São Paulo (Rua) : voir *Bica*.

São Pedro de Alcântara (jardin de) : adossé au Bairro Alto, ce beau jardin est un véritable balcon qui domine la ville et qui, grâce à sa situation privilégiée, offre une vue imprenable. Non loin de là se trouve la Praça do Príncipe Real, entourée de bâtiments élégants et enrichie d'arbres séculaires d'une très grande beauté.

São Vicente de Fora (église de) : œuvre de l'architecte de la Renaissance italienne, Filippo Terzi (1629), elle a été dédiée au

saint patron de la ville. La dénomination *de fora* vient du fait qu'à l'époque de sa construction l'église se trouvait « en dehors » du diocèse de Lisbonne.
Sete Rios : voir *Benfica*.
Tapada da Ajuda : voir *Ajuda*.
Terreiro do Paço (ou Praça do Comércio) : c'est l'antichambre de la ville, le « bordage du pont de la ville-nef », selon Cardoso Pires. Cette place qui s'ouvre sur le Tage a été construite, selon les critères du siècle des Lumières, par le marquis de Pombal après le terrible tremblement de terre du 1er novembre 1755. C'est un des symboles de Lisbonne. En son centre se trouve la statue équestre de D. José I, le « roi enfant » qui a délégué tout pouvoir au rusé marquis de Pombal, son Premier ministre.
Terreiro do Trigo : voir *Alfama*.

Les indications biographiques et topographiques ont été établies d'après Cecilia Pero, traductrice italienne de cet ouvrage (Feltrinelli Traveller s.r.l. 1997).

DU MÊME AUTEUR

Aux Éditions Gallimard

L'INVITÉ DE JOB
LE DAUPHIN
BALLADE DE LA PLAGE AUX CHIENS
ALEXANDRA ALPHA
LA RÉPUBLIQUE DES CORBEAUX

DANS LA MÊME COLLECTION

1. Yukio Mishima — *Le Japon moderne et l'éthique samouraï (La Voie du Hagakuré).*
2. Kazimierz Brandys — *Carnets de Varsovie (1978-1981).*
3. Peter Handke — *La leçon de la Sainte-Victoire.*
4. Paul Bairoch — *De Jéricho à Mexico (Villes et économie dans l'histoire).*
6. Rainer Maria Rilke — *Lettres à une amie vénitienne.*
7. Nikolaus Harnoncourt — *Le dialogue musical (Monteverdi, Bach et Mozart).*
8. Cioran — *Exercices d'admiration (Essais et portraits).*
9. Julien Hervier — *Entretiens avec Ernst Jünger.*
10. Jean-Paul Sartre — *Mallarmé (La lucidité et sa face d'ombre).*
11. Cioran — *Aveux et Anathèmes.*
12. Jorge Luis Borges — *Neuf essais sur Dante.*
13. Lawrence Grobel — *Conversations avec Truman Capote.*
14. Peter Handke — *Après-midi d'un écrivain.*
15. Primo Levi — *Les naufragés et les rescapés (Quarante ans après Auschwitz).*
16. Mario Vargas Llosa — *Contre vents et marées.*
17. Ossip Mandelstam — *De la poésie.*
18. Franz Kafka — *Lettres à ses parents (1922-1924),* précédé de *Une année de la vie de Franz Kafka* de Pietro Citati.
19. Peter Handke — *Essai sur la fatigue.*
20. Varlam Chalamov — *Correspondance avec Boris Pasternak.*
21. Mircea Eliade — *Cosmologie et alchimie babyloniennes.*
22. Elsa Morante — *Pour ou contre la bombe atomique.*
23. Octavio Paz — *L'autre voix (Poésie et fin de siècle).*
24. Peter Handke — *Essai sur le juke-box.*
25. Jean-Pierre Faye — *L'Europe une (Les philosophes et l'Europe).*
26. Cioran — *Le livre des leurres.*
27. Mircea Eliade — *Contributions à la philosophie de la Renaissance* suivi d'*Itinéraire italien.*

28. Joseph Brodsky	*Acqua alta.*
29. George Steiner	*Épreuves*
30. Varlam Chalamov	*Essais sur le monde du crime.*
31. Cioran	*Bréviaire des vaincus.*
32. Frédéric de Towarnicki	*À la rencontre de Heidegger. (Souvenirs d'un messager de la Forêt-Noire).*
33. Peter Handke	*Essai sur la journée réussie (Un songe de jour d'hiver).*
34. Eugenio Montale	*La poésie n'existe pas.*
35. Octavio Paz	*Un au-delà érotique : le marquis de Sade.*
36. Robert Walser	*Sur quelques-uns et sur lui-même.*
37. Primo Levi	*Histoires naturelles* suivi de *Vice de forme.*
38. Kvetoslav Chvatik	*Le monde romanesque de Milan Kundera.*
39. Apollinaria Souslova	*Mes années d'intimité avec Dostoïevski.*
40. William Faulkner	*Lettres à sa mère (1918-1925).*
41. Cioran	*Entretiens.*
42. Truman Capote	*Portraits et impressions de voyage.*
43. Botho Strauss	*L'incommencement. Réflexions sur la tache et la ligne.*
44. Octavio Paz	*Itinéraire.*
45. Cioran	*Anthologie du portrait. De Saint-Simon à Tocqueville.*
46. H. C. Robbins Landon	*Mozart connu et inconnu.*
47. Thomas Mann	*Être écrivain allemand à notre époque.*
48. Kenzaburô Ôé	*Notes de Hiroshima.*
49. Mario Vargas Llosa	*En selle avec Tirant le Blanc.*
50. Raul Hilberg	*La politique de la mémoire.*
51. Octavio Paz	*Lueurs de l'Inde.*
52. Carlos Fuentes	*Géographie du roman.*
53. Primo Levi	*À une heure incertaine.*
54. Mario Vargas Llosa	*Un barbare chez les civilisés.*
55. Paul West	*Un accident miraculeux.*
56. Sérgio Buarque de Holanda	*Racines du Brésil.*
57. José Cardoso Pires	*Lisbonne – Livre de bord (voix, regards, ressouvenances).*
58. Wolfgang Matz	*Julien Green. Le siècle et son ombre.*

59. Pier Paolo Pasolini — *Histoires de la cité de Dieu. Nouvelles et chroniques romaines (1950-1966).*
60. Péter Esterházy — *L'œillade de la comtesse Hahn-Hahn (en descendant le Danube).*
61. Mario Vargas Llosa — *Lettres à un jeune romancier.*
62. Elsa Morante — *Territoire du rêve.*
63. Arundhati Roy — *Le coût de la vie.*
64. Cesare Pavese — *Littérature et société. Le mythe.*
65. Roberto Calasso — *Le fou impur.*
66. Tadeusz Kepinski — *Witold Gombrowicz et le monde de sa jeunesse.*
67. Batya Gour — *Jérusalem, une leçon d'humilité.*
68. Michel Handelzalts — *Histoires d'en lire.*
69. Alejandro Rossi — *Un café avec Gorrondona.*
70. Jorge Luis Borges — *L'art de la poésie.*
71. Jean Paulhan — *Entretiens à la radio avec Robert Mallet.*
72. Alejo Carpentier — *Essais littéraires.*
73. Harry Mulisch — *L'affaire 40/61 (Un reportage).*
74. François Ricard — *Le dernier après-midi d'Agnès.*
75. Kazimierz Brandys — *De mémoire...*
76. Alexander Kluge — *Chronique des sentiments.*
77. Erri De Luca — *Noyau d'olive.*
78. Cioran — *Solitude et destin.*

*Reproduit et achevé d'imprimer
par Évidence au Plessis-Trévise,
le 24 juin 2004.
Dépôt légal : juin 2004.
1er dépôt légal : avril 1998.
Numéro d'imprimeur : 2073.*

ISBN 2-07-075069-8/ Imprimé en France.

130671